Stéphane

HAZ COMO EL GATO: ¡ÉL SÍ QUE SABE!

Libre, tranquilo, curioso,
observador, confiado, tenaz,
prudente, elegante, discreto,
carismático, orgulloso,
independiente...

Papel certificado por el Forest Stewardship Council®

Título original: *Penser et agir comme un chat*

Segunda edición: enero de 2024

Dirección editorial: Stéphane Chabenat
Edición: Clotilde Alaguillaume
Diseño gráfico y maquetación: Florence Cailly
Diseño de cubierta: MaGwen
Illustraciones: © Shutterstock, Victoria Arbuzova

Printed in Spain – Impreso en España

ISBN: 978-84-253-6705-2
Depósito legal: B-17.779-2023

Compuesto en Fotocomposición gama, sl
Impreso en Gómez Aparicio, S.L.
Casarrubuelos, Madrid

GR 67052

HAZ COMO EL GATO: ¡ÉL SÍ QUE SABE!

ÍNDICE

Para Ziggy,
mi gato

PRÓLOGO

Hay días en que no tenemos ganas de ir a trabajar, de leer las noticias, de agobiarnos por los desastres del mundo, de preocuparnos por el futuro… No tenemos ganas de opinar sobre las últimas reformas políticas que nos ponen los pelos de punta, tampoco tenemos ganas de angustiarnos por nuestra carrera profesional ni por saber si tendremos una pensión cuando, de aquí a unos años, nos jubilemos.

No tenemos ganas de estar torturándonos por nuestros problemas personales y los de nuestros seres queridos, ni de culpabilizarnos si tomamos un baño en detrimento de «la salud del planeta», ni tampoco de tener mala conciencia por la calidad de nuestra alimentación.

Solo tenemos ganas de desconectar, de olvidarnos de todo por un día, aunque sea un instante… y respirar.

Me doy la vuelta y veo a Ziggy, mi gato, que acaba de entrar silenciosamente en mi despacho. Me mira entornando los ojos, pega un salto hasta el escritorio y se tumba encima del teclado. Es un ritual que llevamos años practicando, desde la época en que yo escribía en un cuaderno y él no paraba de morder el capuchón de mi bolígrafo. Me hace gracia, es un juego entre nosotros. Es como si, por una parte, le encantara que escribiera pero, por otra, hiciera cualquier cosa para impedírmelo.

Hasta ahora, los golpecitos de sus suaves patas y las idas y venidas de mis rodillas al teclado solo me parecían un tejemaneje de mimos y juegos.

Puede que todos estos años tratara de decirme otra cosa, tal vez: «Oye, ¿por qué no lo dejas un poco por hoy?».

Dejarlo. Ahora, mientras restriega su nariz contra mi cuello, no tengo ganas... Hoy no tengo ganas de saber si podré pagar las facturas ni de preocuparme por el próximo crac bursátil.

¿Acaso a él le importa?

Puede que ese sea precisamente el secreto que quería revelarme desde hace tanto tiempo: aprender a aflojar, centrarme en lo básico, pensar en mi bienestar, hacer como él... ¡Vivir como un gato!

¡Es evidente que los gatos viven mucho mejor que nosotros! ¿Por qué no tomar ejemplo de ellos? Es lo que pretendo hacer al desentrañar sus movimientos, sus expectativas y su manera de vivir.

Durante todos estos años la clave ha estado ahí, ante mis ojos, sin que me diera cuenta.

¡Los gatos tienen mucho que enseñarnos, tanto en nuestra vida personal como en la profesional!

Te invito a descubrirlo en este libro, para que tomes cierta distancia con tu vida cotidiana, estés a gusto y sonrías.

¿En qué acierta el gato? ¿En qué nos debe inspirar?

A partir de hoy, si quieres enfocar la vida de otra manera, ¡piensa y actúa como un gato! ¡Haz como él: él sí que sabe!

LOS GATOS, NUESTROS AMIGOS

Al principio, Dios creó al hombre
pero lo vio tan débil que le dio al gato.
WARREN ECKSTEIN

Los gatos callejeros, incluso los más
desarrapados, siempre son nobles.
No piden nada.
Son gatos… y eso lo dice todo.
FRÉDÉRIC VITOUX

Los gatos nos cautivan desde la noche de los tiempos. Cuando los observamos y tratamos de entenderlos, encontramos en su fortaleza, su actitud, sus virtudes, sus costumbres y sus pequeñas manías una especie de ritual mágico para vivir en paz y ser feliz.

Los gatos poseen de manera natural muchos recursos que podemos aplicar en nuestra vida cotidiana, tanto personal como profesional.

Practican una filosofía vital que podría resumirse en pocas palabras: comer, jugar, dormir, preocuparse por su comodidad y hacer solo lo que les gusta. ¡Eso ya es mucho en comparación con nosotros! Pero hay mucho más, como vas a descubrir más adelante.

Es un estilo de vida que les permite vivir sin estrés, pues los gatos tienen una única prioridad: ¡su bienestar!

Si imitamos una parte de su forma de actuar, gracias a ellos se abrirá ante nosotros otra perspectiva, otra visión del mundo, así como una comprensión diferente y más evolucionada de nosotros mismos.

De modo que ¡bienvenidos a la mirada gatuna, a su lógica y a su filosofía, que nos permitirán valorar la vida como lo hacen ellos!

EL GATO ES LIBRE

En el fondo, a todos nos mueven
las mismas urgencias.
Los gatos tienen el valor de vivir
sin preocuparse de ellas.
Jim Davis

Libertad, ¡ansiada libertad! ¿Quién no sueña con que sea ella el principal motor de su vida?

Ser libre para ir y venir, ser libre para hacer solo lo que a uno le guste, ser libre para actuar, desear y encapricharse de lo que uno quiera, ser libre para pensar y para moverse. ¡Libre!

Paradójicamente, todos tendemos a acumular obstáculos y, a menudo, a esclavizarnos a nosotros mismos, ya sea mediante préstamos bancarios que nos obligan a trabajar cada vez más, objetos banales que nos parecen muy valiosos, costumbres convertidas en obligaciones que ni siquiera nos damos cuenta de que lo son o personas tóxicas a las que nos forzamos a aguantar. Tal vez ya sea hora de hacer una buena limpieza en nuestra vida.

¿Por qué no pruebas a quedarte solo con lo que te gusta? ¿A mantener las relaciones que te satisfacen, a realizar únicamente las actividades o trabajos que te apasionan?

Tomar tus propias decisiones, hacer lo que te apetezca... Quizás pienses que se trata de un sueño. No lo es para el gato, que ha decidido ser libre: libre para tener lo que desea, para ser lo que quiere y para vivir como le da la gana en cada momento.

Se trata de una constante en el gato, más que una segunda naturaleza, y es lo más importante en su vida: ser libre. Lo demás le importa poco. En cambio, en nuestra vida a menudo relegamos ese ideal simplemente a poder elegir cuándo nos vamos de vacaciones... de acuerdo, eso sí, al calendario.

¿QUIERES VIVIR COMO UN GATO?
¡SÉ LIBRE COMO EL VIENTO!
¡Y HAZ SOLO LO QUE TÚ HAYAS ELEGIDO!

EL GATO ES CARISMÁTICO

Con lo limpios, cariñosos, pacientes, dignos y valientes que son los gatos, me gustaría saber cuántos de nosotros podríamos ser gatos.

FERNAND MERY

Al gato no le hace falta maullar, saltar de un lado a otro o armar jaleo para destacar. Sentimos su presencia en cuanto entra en una habitación. No necesita alborotar: tiene suficiente carisma como para que todo el mundo se fije en él.

Su discreción y su personalidad nos obligan a mirarle cada vez que se pasea por el salón. Qué elegancia..., ¡tiene mucha clase! ¿Quién no sueña con poseer semejante magnetismo?

¿Qué hace para desprender tal cantidad de vibraciones positivas, para provocar tanta admiración?

Nada. SER ÉL MISMO.

Esta es la mayor lección que nos enseña el gato para ser un poco más espontáneos y carismáticos: ¡hay que ser uno mismo!

No hay que ocultarse ni mentir tras las apariencias, tampoco adoptar un papel ni moverse de un lado a otro haciendo aspavientos para tratar de hipnotizar al público presente. Simplemente no hay que hacer nada.

Irradia tu personalidad como si fueras un transmisor o una fuente de luz. No presumas más de lo necesario en una conversación y no la monopolices para darte importancia: lo único que conseguirás es aburrir al auditorio ya que, inconscientemente, pensarán que mediante esos largos monólogos tratas de autoconvencerte o de reafirmarte.

¡Eso no es tener carisma, sino ser omnipresente e invasivo, incluso ser pesado!

¿No te has fijado nunca en que las personas más carismáticas, como esos actores de cine de los que decimos que «se comen la pantalla», no sobreactúan? Son sobrios tanto en sus palabras como en su aspecto.

Las personas más carismáticas no son las más extravagantes; están ahí, pero siempre con cierta contención.

El carisma se va desarrollando a medida que somos honestos con nosotros mismos y con los demás, y según nos aceptamos tal y como somos, sin recurrir a artificios que no se corresponden con nuestra verdadera personalidad.

Todos podemos desarrollar una personalidad atractiva en diversos aspectos si, al igual que el gato, nos limitamos a ser nosotros mismos en cualquier circunstancia.

**PARA LLENAR EL ESPACIO
CON TU PRESENCIA Y TU CARISMA,
¡SÉ SINCERO, SÉ DISCRETO,
SÉ SENCILLO, SÉ AUTÉNTICO!**

UN DÍA EN LA VIDA DEL GATO

Síguele con atención y copia sus hábitos: ¡te aseguro que vivirás muchísimo mejor!

7.30: SUENA EL DESPERTADOR

Estás amodorrado. Como les pasa a tantos otros, te cuesta despertarte. ¡Hace falta una pequeña puesta a punto! Fíjate en el gato, ¿qué hace?

No sale de la cesta como alma que lleva el diablo: eso es malo para el cuerpo y para la mente. Se relaja, se estira, abre los ojos despacio y se toma el tiempo que sea necesario para despertarse.

Estírate, bosteza... No tengas prisa. El gato se estira cuando aún está tumbado, luego se levanta, arquea la espalda, se estira otra vez y bosteza ostentosamente. Después, vuelve a sentarse entornando los ojos.

Lo he probado. Me he puesto a imitarle. Efectivamente, eso es mucho más agradable que pegar un salto de la cama como si fuera una crepe a la que dan la vuelta en la sartén, y deambular hasta la cafetera arrastrando los pies.

Este fenómeno, habitual en la mayoría de los animales, se denomina pandiculación. Es un automatismo para tener un despertar agradable y empezar bien el día... Algo de lo que nosotros, los humanos, solemos olvidarnos.

EL GATO ES TRANQUILO

(LA MAYOR PARTE DEL TIEMPO)

Un gato sentado es la imagen perfecta de la tranquilidad.

René Char

El estrés es una plaga en nuestra sociedad actual. ¿Cómo podemos combatirlo? ¿Cómo canalizarlo?

En las últimas décadas se han desarrollado multitud de disciplinas y técnicas de relajación, lo cual no es muy buena señal, ya que significa que estamos cada vez más estresados y son más los que padecen este problema.

Vivimos constantemente en tensión, constantemente al límite; el insomnio se suma a los nervios y a la ansiedad, lo que a veces repercute en el cuerpo y se convierte en hipertensión e incluso en el síndrome de desgaste profesional *(burn out)* que ha surgido en los últimos años.

Es necesario que vivamos mal, muy mal, para llegar a tales extremos.

Dicho esto, ¿cómo podemos cambiar? Fijémonos en el gato: ¿él parece estresado la mayor parte del tiempo? En muy raras ocasiones.

Emana paz y tranquilidad. Su apacible postura, con los músculos relajados, no presenta ninguna señal física de inquietud y su mirada no refleja ninguna tensión.

Lo que a veces calificamos de estrés en los gatos es solo un instante de máxima vigilancia. En ese momento está alerta ante algún peligro potencial, algún suceso que perturba la relajada calma ininterrumpida de su vida cotidiana. Levanta las orejas, fija la mirada, observa y espera. Pero, en cuanto identifica el motivo de su inquietud, en pocos segundos recupera la tranquilidad y descansa la cabeza.

El gato no padece estrés a posteriori de una situación. Cuando esquiva, evita o descarta el peligro y vuelve la calma, da la impresión de desentenderse y no dedicarle ni un segundo más de su pensamiento, como si el suceso nunca se hubiera producido. Esta es quizás su mayor fortaleza y una de las claves de esa calma imperial.

Dejando a un lado su vida contemplativa, el gato lleva una vida organizada y tolera mal los cambios imprevistos, pues construye su existencia en torno al confort y el bienestar, y nada debe perturbarle.

Sus raros momentos de estrés se producen cuando se altera ese bienestar: por una situación que debe resolver rápidamente haciendo huir a un intruso, expresando con contundencia y tesón que el cambio de sus croquetas por otras más baratas no es de su agrado o haciendo ver que la larga y repetida ausencia de su amo no se ajusta a sus necesidades de cuidado y amor.

SI, COMO EL GATO, QUIERES PRESERVAR LA CALMA Y LA PAZ INTERIOR, IDENTIFICA EL ORIGEN DEL ESTRÉS Y RESUELVE EL PROBLEMA DE UNA VEZ POR TODAS: NO PARES HASTA SOLUCIONARLO Y LUEGO OLVÍDALO PARA SIEMPRE. NO HAY QUE DARLE MÁS VUELTAS NI OBSESIONARSE CON ELLO: PASA PÁGINA PARA SIEMPRE Y ASÍ RECUPERARÁS LA CALMA Y, CON ELLA, EL BIENESTAR.

Los veterinarios también mencionan otro fenómeno que han observado en el gato: si se estresa de forma regular y continua, ¡hay que fijarse en el amo!

Los gatos son como esponjas: lo sienten todo, absorben los estados de ánimo y, a veces, si en su entorno se alcanza cierto grado de tensión, ruidos o gritos, no pueden soportarlo y digerirlo con su tranquilidad absoluta.

Si está en juego su bienestar y tiene la posibilidad de hacerlo, el gato llegará incluso a abandonar el hogar si el ambiente se vuelve insoportable. Pero ¿de quién es la culpa? Si debe marcharse en pro de su tranquilidad, lo hará. ¡Toma nota!

EL GATO SABE IMPONERSE

Parece que el gato se esfuerce en no servir para nada, lo que no le impide revindicar una mejor posición en el hogar que la del perro.

Michel Tournier

A menudo, ya sea por timidez o por falta de confianza, a muchos nos cuesta reafirmarnos ante «los demás». Nos hacemos a un lado, nos callamos, no nos atrevemos a decir hasta qué punto creemos que «los demás» son intelectualmente superiores o, como mínimo, lo bastante seguros de sí mismos como para aplastar al resto con su presencia, sus conocimientos... ¡y a menudo con su estupidez, si los escuchamos bien!

¿Quiénes son «los demás»? Eres tú, soy yo..., todos somos «los demás» de alguien. Si «los demás» ocupan más espacio que tú mismo es porque se lo has permitido. Es como en una casa: ¡cuantos más armarios se tienen, más se llenan!

¿«Los demás» invaden tu espacio hasta llegar a veces a pisarte los talones para después pasarte por encima? ¡Piensa en el gato!

¡Intenta pisarle la pata a un gato, simplemente para ver cómo reacciona! ¡Le oirás y quizás le sentirás cuando te clave las uñas en la pantorrilla!

¡No permitas que te pasen por encima! «Los demás» no tienen ningún derecho a imponerse de esa manera. Solo disponen del espacio que tú les concedes, solo tienen el nivel de consentimiento y «tolerancia» que quieras darles para, después de machacarte el pie, seguir pisándote la cabeza y terminar hundiéndote bajo el agua.

Existe una gran diferencia entre ser carismático y tener una gran personalidad, como el gato, y utilizar a los otros como si fueran títeres para imponerse.

El gato se apropia del espacio que le pertenece sin aplastar al prójimo, pero no soporta que invadan su territorio. Se impone con serenidad, no quiere ser tirano, ¡pero no acepta ser un mero figurante!

APRENDE A IMPONERTE DE FORMA TRANQUILA Y DEFIENDE TU ESPACIO ANTE EL PRIMER ATISBO DE INJERENCIA. ¡TE MERECES MÁS QUE SER UN FIGURANTE!

PARA REFLEXIONAR

CUANDO VEO PASAR A UN GATO, ME DIGO: CUÁNTO CONOCE A LOS HOMBRES.

JULES SUPERVIELLE

EL GATO ES UN ANCIANO SABIO

He estudiado mucho a los filósofos y a los gatos.
La sabiduría de los gatos es infinitamente superior.
HIPPOLYTE TAINE

Esa actitud atenta del gato, ese permanecer a la escucha como si fuera un psicólogo silencioso hace que parezca un monje budista, un anciano sabio. Tal vez solo sea una impresión que produce su manera de vivir, su no desgastarse en vano, su forma de mirar el mundo sin hastío.

Todos, con el paso del tiempo, según cumplimos años y más o menos rápido, ganamos en sabiduría y tomamos distancia con el mundo, la vida y los acontecimientos.

Cuántos de nosotros nos decimos un día: «Me gustaría volver a tener veinte años con todo lo que sé hoy», pues adquirimos cierta sabiduría con el paso del tiempo. Los gatos, en cambio, sin escuelas, libros, pensadores, directrices ni referencias, incluso sin mucha edad ni experiencia, poseen una especie de sabiduría innata.

Una sabiduría de la que nosotros solo obtenemos unas migajas tras una gran cantidad de dudas, tentativas, intercambios, reflexiones e introspección.

Debemos recorrer un camino tortuoso y difícil en muchos aspectos para conseguir un día, al igual que él, sentarnos tranquilamente a mirar el horizonte con una sonrisa en los labios... y más de sesenta años. Él sabe hacerlo desde que nace.

Tenemos mucho que aprender de los gatos también a ese respecto, pero ¿cómo podemos captar todos los pormenores de esa sabiduría insondable y casi mística que emanan?

Y sin embargo el gato nos regala su sabiduría. Si tienes un gato, lo sabes. Ya habrás vivido ese momento en que, mientras a ti te comen las dudas, te invaden pensamientos en bucle y no eres capaz de ver las cosas con perspectiva, le miras a los ojos y él te mira como si leyera tu mente. En ese instante notas que, al contrario que tú, él sí sabe. Sabe o ha sabido...

Entonces te dirige una mirada bondadosa que cuenta una leyenda: una antigua historia de un emperador chino que reunió a los mayores sabios de su reino y les pidió que encontraran una frase con la que se pudiera responder a todo tipo de sentimientos o situaciones, buenas o malas, que un hombre pudiera encontrarse en la vida. Pasado algún tiempo, los sabios fueron a ver al emperador para entregarle esa frase..., ese mensaje que el gato te transmite con su mirada cuando te sientes perdido, esa frase que sobrevive al paso del tiempo gracias a él para decirte:

«También esto pasará».

Sí, para bien o para mal, también esto pasará.

Tal vez invertimos demasiado tiempo preocupándonos por todo y nos volvemos ciegos ante lo que importa en la vida.

Eso es lo que quizás nos esté diciendo el gato con su inmovilismo, su contemplación y su benevolencia hacia nosotros: estoy aquí, te vigilo y cuido de ti, también esto pasará...

LA SABIDURÍA NO ES UNA ASIGNATURA QUE SE APRENDE O SE ENSEÑA: ES UN ESTADO, UNA POSTURA DE LEVE DISTANCIAMIENTO DEL AJETREO DE LA VIDA PARA PODER APREHENDERLA MEJOR EN SU TOTALIDAD. EL SABIO SABE SENTARSE EN LA LUNA PARA CONTEMPLAR LA TIERRA, AL IGUAL QUE EL GATO SE SIENTA EN EL TEJADO PARA OBSERVAR LA LUNA.

EL GATO PIENSA PRIMERO EN ÉL

El gato no nos acaricia. Se acaricia con nosotros.

RIVAROL

Ya hemos visto que uno de los principales objetivos vitales del gato consiste en cultivar su bienestar. Para conseguirlo hay que saber, como él, ser un poco egoísta y pensar en uno mismo.

Esto no significa ser narcisista o egocéntrico, sino permitir que tu bienestar personal esté a veces por encima del de los demás.

No podemos dar nada a los demás si no sabemos darnos algo a nosotros mismos.

Antes de nada, cuídate, ya sea física o psicológicamente: de ello depende la clave de tu felicidad.

Cuanto más feliz y a gusto te sientas en la vida, mejor sabrás dar y compartir.

No esperes a los demás para construir tu burbuja de bienestar y felicidad: solo depende de ti. Nadie lo hará por ti y, además, nadie puede saber lo que es realmente importante para tu bienestar.

Por tanto, cógete de la mano y, al igual que el gato, establece tu territorio, tu zona de confort, tus condiciones para sentirte a gusto y tus posibilidades de realización personal.

Dedícate todos los días a esas pequeñas cosas que te hacen sentir bien y no dejes pasar ninguna ocasión en la que puedas disfrutar de un buen rato o hacerte un regalo, porque sí, porque te lo mereces. ¡No lo dudes ni un instante!

**PIENSA EN TI, EN TU BIENESTAR.
CUÍDATE: NADIE LO HARÁ MEJOR
NI HARÁ MÁS POR TI QUE TÚ MISMO.**

UN DÍA EN LA VIDA DEL GATO

7.45: DESAYUNO

🐾 Para él, agua y leche en un comedero limpio, croquetas, paté, un sobre de comida... ¡todo bueno, fresco y en un lugar limpio!

🐾 Aunque pueda parecer simple, ¿cuántos de nosotros nos tomamos tiempo para desayunar? ¿A cuántos nos da pereza hacernos una tostada y enjuagamos una taza a toda prisa para verter en ella un café que nos tomamos de pie, apoyados en el fregadero de la cocina?

🐾 Después de cuidar a tu gato, ¡ocúpate también de ti! Ponte cómodo para desayunar, como hace él. ¡Es la mejor manera de empezar el día!

🐾 Come sin prisas, tómate el tiempo de hacerte una tostada y sacar esa mermelada tan rica del fondo de la nevera. Come lo que quieras, pero hazlo sin prisas y disfrutando.

🐾 Los nutricionistas insisten en que el desayuno es la comida más importante del día: ¡también es una forma de cuidarse a uno mismo, de estar a gusto y de empezar el día con una sonrisa!

EL GATO SE ACEPTA TAL Y COMO ES, EL GATO SE QUIERE

La especie humana es la única que tiene problemas en verse como tal. Para un gato no supone un problema ser un gato. Es muy sencillo. Los gatos aparentemente no tienen complejos, ambivalencias o conflictos y no muestran indicio alguno de desear ser perros.

ABRAHAM MASLOW

Está comprobado: no lograr aceptarnos tal y como somos genera tristeza y decepción. Todos somos diferentes al nacer y la mayoría de nosotros estamos insatisfechos con nuestro carácter, nuestro cuerpo, nuestra posición social... Muchísimos de nosotros no nos queremos.

Demasiadas veces nos gustaría ser otro en lugar de, sencillamente, aceptar quiénes somos. Aceptarse también es descubrir la riqueza y las capacidades que cada uno tiene de forma individual.

Al contrario que el gato, nosotros rechazamos con demasiada frecuencia quiénes somos y envidiamos lo que nos gustaría ser. Es la mejor manera de ser infeliz.

¿El gato se plantea esta cuestión? ¿El gato desea ser otro gato u otro animal? Es evidente que esta pregunta ni se le pasa por la cabeza, ya que es completamente innecesaria. Está contento y orgulloso de ser quien es, y su actitud, que a otros animales e incluso a veces también a los humanos les puede parecer altiva, lo confirma.

El gato es lo bastante inteligente como para no complicarse con esa pregunta capciosa que tantos pensamientos estériles nos hace rumiar. Lo que, en consecuencia, le lleva a quererse por lo que es y, por tanto, a ser feliz.

Si nos ponemos en el lugar del gato, que se encuentra muy a gusto consigo mismo, en teoría no debe de ser muy difícil saber aceptarse.

Nos gustan los gatos sobre todo porque se quieren a sí mismos. ¿Por qué no seguimos su ejemplo sin más?

¿Por qué no nos colocamos por la mañana frente al espejo y nos decimos riendo: «Sabes que te quiero»?

Parece sencillo, ¡pero intenta hacerlo! ¡No tendrás más remedio que sonreír mientras te dices esa frase!

¿Y qué significa esa sonrisa? ¿Que te quieres o que no? En función de tu sonrisa ante el espejo, triste o divertida, sabrás cuál es el camino que aún te queda por recorrer para llegar a quererte y a aceptarte con tu nueva piel de gato.

**¡PARA QUE TE QUIERAN,
PRIMERO TIENES QUE ACEPTARTE
Y QUERERTE A TI MISMO!**

PARA REFLEXIONAR

LOS GATOS, LAS MUJERES Y LOS GRANDES CRIMINALES TIENEN EN COMÚN QUE REPRESENTAN UN IDEAL INALCANZABLE Y POSEEN UNA CAPACIDAD DE QUERERSE A SÍ MISMOS QUE NOS LOS HACE ATRACTIVOS.

Sigmund Freud

EL GATO SABE PRESUMIR, SE SIENTE ORGULLOSO

No existen gatos vulgares.

SIDONIE-GABRIELLE COLETTE

Solemos confundir la autoestima con la autoconfianza. Ambos conceptos se tocan y se complementan: podemos perfectamente tener confianza en nosotros y, en cambio, no tener una gran autoestima, y a la inversa.

¿Te parece confuso? Pongamos entonces un ejemplo: eres un comercial excelente, confías totalmente en tu talento como vendedor, sabes que te manejas bien en tu trabajo y, sin embargo, a diario te dices que no te sientes realizado, que ese trabajo no sirve para nada, que podrías hacer algo mejor, pero... Falta de autoestima.

Por si no queda claro, el ejemplo contrario sería el siguiente: la música es tu pasión, eres un músico talentoso, lo sabes porque siempre te lo dicen tus fans, pero no consigues triunfar porque en el escenario... Falta de autoconfianza.

¿Estás orgulloso de cómo eres? ¿Y de lo que haces?

La imagen que tienes de ti en lo que haces y cómo eres es tan importante como la confianza que tengas en ti mismo. Si estás en consonancia con tus deseos, tus necesidades y tus sueños, la autoconfianza y la autoestima pueden unirse y mezclarse para alcanzar el punto álgido de la realización personal y la máxima felicidad.

¿Y esa autoestima y orgullo que siente el gato por ser quien es y hacer lo que hace? Es evidente que se trata de una cualidad que nos debe inspirar: ¡el gato está orgulloso de ser un gato y de las ventajas que ello supone!

Es excepcional y lo sabe, no necesita hacer nada para convencerse de ello ni tiene que demostrárselo a nadie.

Confía en sí mismo y se tiene en alta estima. ¿Qué necesita demostrar? ¿Y a quién? ¡Él es como es!

Le basta una razón para poder caminar con la cabeza bien alta: es un gato. Y punto.

ENORGULLÉCETE DE LA PERSONA QUE ERES, ¡ESO ES LO QUE TE HARÁ EXCEPCIONAL!

PARA REFLEXIONAR

CUALQUIERA QUE LOS HAYA FRECUENTADO UN POCO LO SABE: LOS GATOS DEMUESTRAN UNA PACIENCIA INFINITA CON LAS LIMITACIONES DEL SER HUMANO.

CLEVELAND AMORY

EL GATO ES EL CENTRO DE ATENCIÓN

El único riesgo que corremos estando con gatos
es el de prosperar.

SIDONIE-GABRIELLE COLETTE

Tras su aspecto de no haber roto un plato, silencioso y tranquilo, el gato siempre intenta, cuando aprecia a los humanos que le rodean, ser el centro de atención. Pasa de las rodillas de uno a las de otro, es melindroso, llega incluso a restregarse contra las piernas de la única persona del grupo a la que no le gustan especialmente los gatos, como si fuera un desafío.

Nadie se libra de su presencia, incluso los más reticentes. Ya es el rey de la casa, pero ser el centro de atención cuando nuestros amigos vienen a tomar el aperitivo es un jueguecito que le encanta.

¿Y qué hace para conseguirlo? ¿Protesta? ¿Maúlla? Un gato de pocos meses puede hacerlo por falta de experiencia. Pero un gato hecho y derecho se conformará con acercarse a todos sigilosamente, entornando los ojos e hipnotizando en pocos segundos a cada uno de los invitados: les ofrecerá la «suerte» de poder acariciarlo, les dedicará un poco de cariño y de atención, les mirará... Concedemos toda nuestra atención incluso a un gato que vemos por primera vez, por su afabilidad al acercarse despacio y dejarse acariciar mientras finge (a veces) que le da gusto, todo para atraer más nuestra atención.

Cuando tendemos la mano hacia un gato pretendemos, de forma instintiva, obtener algo intangible: un poco de tranquilidad y de serenidad. Él lo sabe y nos mira. Nos deja hacer, nos permite sosegarnos, pues, sistemáticamente, ¡todos sonreímos cuando acariciamos a un gato!

En definitiva, ¿qué ha hecho para ser el centro de atención?

Ha ofrecido algo. Mediante su manera de ser, con el simple hecho de presentarse ante nosotros como un regalo tranquilizador, accesible, que podemos tocar… Ha ofrecido algo.

De golpe, mientras le acariciábamos como hipnotizados, no hemos escuchado nada de lo que se hablaba en la mesa. ¿Por qué? ¡Porque la atención que nos ha dedicado, el caudal de vida y serenidad que acababa de poner al alcance de nuestra mano en ese momento era mucho más valioso que cualquier juicio metafísico, reflexión filosófica u otro tipo de debate disparatado!

PARA ATRAER LA ATENCIÓN, SÉ PARA TUS SERES QUERIDOS UN MANANTIAL, UN CENTRO DE GRAVEDAD. ¡OFRECE!

EL GATO ES INDIFERENTE A LO QUE DIGAN DE ÉL

Los gatos saben perfectamente quién les quiere y quién no, pero no se preocupan mucho por remediarlo.

WINIFRED CARRIERE

Una cosa que siempre me ha divertido es que a los gatos les importa un comino caer bien o no tanto a otros gatos como a los humanos.

Su carácter independiente y solitario, que les hace unirse de forma selectiva y juiciosa solo con algunos seres, ya sean animales o humanos, les lleva a ignorar de forma natural y con gusto la famosa «mirada ajena» a la que nosotros, los humanos, solemos conceder una importancia desmesurada.

El gato se las arregla sin esa necesidad de ser querido, valorado, admirado y, como mínimo, aceptado por «los demás». ¡Es él! En este sentido, le basta con su propia mirada.

Por supuesto, no podemos vivir solo mirándonos el ombligo, no es esa la intención, pero la balanza de la autoestima y la mirada ajena suele inclinarse hacia el lado incorrecto en vez de permanecer en equilibrio.

Tanto en la sociedad como en los medios de comunicación hay muestras de sobra de la necesidad de aparentar. La imagen personal se ha convertido en un objeto de culto, no tanto para uno mismo como para la mirada ajena, ¡lo cual es el colmo del autoengaño!

Parecer guay, parecer joven, parecer rico, parecer listo, parecer tolerante, parecer divertido, parecer abierto de mente, parecer, parecer, parecer. Es el *leitmotiv* de las últimas décadas, que se traslada de una moda a otra, de la telerrealidad a las apariencias.

Hay que parecer talentoso tanto como parecer sincero, hasta llegar a autoconvencerse y a engañarse totalmente, pues la balanza se inclina tanto del lado de la mirada ajena que lo único que importa es sentirse admitido y aceptado por la mayoría, la moda, la tendencia... Lo que hay que demostrar y aparentar es mucho más importante que lo que hay que ser. Y, de hecho, va por delante de lo que se parezca más a nosotros. En definitiva, está por encima de lo que podría hacernos felices realmente.

Estamos sometidos a esa dictadura social de lo que hay que «parecer» o «tener»; ¡el gato, en cambio, pasa de ello olímpicamente!

Ya viva más o menos en grupo, esté domesticado o sea salvaje, el gato nunca imita la actitud de otro congénere. Permanece fiel a sí mismo, con sus deseos, su carácter o sus necesidades, y no se le pasa por la cabeza tener que encajar en un molde social ni mostrar o difundir una determinada imagen para seguir los dictados de una mayoría que a menudo ha perdido sus puntos de referencia.

Es íntegro y, sobre todo, fiel a sí mismo, y nosotros haríamos bien inspirándonos socialmente en él aunque solo fuera para no vivir con ideas uniformizadoras (únicas), modas cortadas por un mismo patrón (estériles), discursos (convencionales) y una moral (intachable) de geometría variable.

Él es íntegro, y nosotros deberíamos hacer lo mismo aunque solo fuera para volver a conectar con nuestros deseos, aunque solo fuera para ser felices escuchando esa vocecita que repite sin parar:

¡OLVÍDATE DE LAS OPINIONES AJENAS!
¡SÉ TÚ MISMO!

UN DÍA EN LA VIDA DEL GATO

8.15: ¡ASEO FELINO!

🐾 Tras ponerse morado en el desayuno, verás que se lame durante un buen rato. Para ti también es hora de ducharte.

🐾 ¡Todos conocemos esa ducha exprés de cuando vamos con prisa! No esperamos ni un segundo a que salga el agua caliente para ponernos debajo. ¡Rápido, rápido! ¡Hay que darse prisa! ¡Que nos pilla el toro! El gato sube despacio la lengua a lo largo de la pata trasera, luego pasa a la otra... Tranquilamente.

🐾 Dejando a un lado la higiene, la ducha es uno de esos momentos del día en que podemos y DEBEMOS cuidarnos. Además de para sosegarnos y relajarnos, también es un momento excelente para dar rienda suelta a nuestros pensamientos y permitir al cerebro que tome conciencia con la calma necesaria de las obligaciones del día.

🐾 Las mujeres suelen ser más hábiles que los hombres para cuidarse, ¡ellos no siempre comprenden que pasen tantas horas en el cuarto de baño! Es una actitud muy gatuna, que a menudo adoptan durante el fin de semana, para cuidarse a sí mismas antes que nada. Aunque a veces nos enfademos por eso, ¡bravo, señoras! Es por una buena causa: ¡vuestro bienestar y nuestros ojos!

EL GATO ES CURIOSO POR NATURALEZA

La curiosidad es la base de la educación,
y si usted me dice que la curiosidad mató al gato,
yo le contestaré que el gato murió dignamente.
ARNOLD EDINBOROUGH

El gato posee una curiosidad innata; desde el momento en que consigue salir de la cesta revolcándose por el parqué, lo husmea todo, examina atentamente todos los objetos y los sitios nuevos aún sin explorar.

A diferencia del perro, no se abalanza sin pensar hacia cualquier novedad, sino que se acerca prudentemente sin quitar la vista de encima a esa bolsa de papel, un escondite nuevo y desconocido.

Esa inmensa curiosidad le hace redescubrir su mundo continuamente. Para él, cada día hay un nuevo descubrimiento, un pedacito de algo extraordinario, y no deja de alimentarlo con su curiosidad.

Nos interesa inspirarnos en él para aprender algo todos los días, y para asombrarnos más a menudo.

Hay personas más o menos observadoras, con una mayor o menor predisposición a descubrir cosas nuevas continuamente, pero la novedad forma parte de nuestro bienestar, es oxígeno para la mente. La necesitamos tanto como respirar, y sin ella nos marchitamos poco a poco.

Para aquellos que no sepan cómo cultivar esa curiosidad que será como una bocanada de aire fresco y buen humor para el día, hay un principio muy sencillo que debe respetarse: nunca te acostarás sin saber una cosa más.

«*One knowledge, one day.*»

Da igual cuál sea la trascendencia, importancia o valor de ese nuevo conocimiento, basta con saber una cosa más cada día, aunque solo sea una palabra. Un conocimiento que siempre recordarás.

Puede parecer fácil pero, si no eres propenso a esa forma de ser, lo más importante es que practiques este ejercicio a largo plazo. Un momento de curiosidad diario son 365 conocimientos nuevos al año y, créeme, ¡marca la diferencia tanto para tu cultura como para tu bienestar!

¡SÉ CURIOSO!
¡TEN CURIOSIDAD POR TODO!
¡MEJORARÁ TU VIDA!
¡SORPRÉNDETE!

EL GATO ES IN-DE-PEN-DIEN-TE

Es difícil ganarse la amistad de un gato. Es un animal filosófico, ordenado, tranquilo, apegado a sus costumbres, amigo del orden y de la limpieza, y que no ofrece su cariño a cualquiera: si le considera digno de ello, querrá ser su amigo, pero no su esclavo.

THÉOPHILE GAUTIER

Una de las principales características del gato es la independencia. No se somete a ninguna jerarquía, no necesita construir su vida en torno a un grupo, a una tribu, como otros animales.

Su independencia es algo irrenunciable; vive la vida alejado de la manada según sus apetencias, sin necesitar el aval de sus semejantes ¡y mucho menos el de los humanos!

¿Por qué la independencia constituye su forma de vida?

Le permite no tener que rendir cuentas, actuar únicamente de acuerdo con su buena voluntad, sin presiones externas, obligaciones sociales ni miradas inquisidoras... ¡Esa independencia innegociable es la base de su libertad!

Depender de los demás, tanto personal como profesionalmente, no hace más que someternos a imperativos que no siempre se corresponden con nuestros deseos.

Sin embargo, no podemos ser como el gato, totalmente independientes. El hombre siempre se ha juntado para vivir en grupo. Aun así, a todos nos interesa evaluar regularmente nuestro índice vital de dependencia y de independencia. Podemos medirlo haciéndonos estas preguntas de vez en cuando:

¿Hasta qué punto soy independiente económicamente?

¿Soy capaz de pasar varios meses soltero sin experimentar una necesidad compulsiva de sentirme amado y deseado continuamente, sin acumular historias que no llevan a nada solo para colmar mi vacío afectivo?

¿Tomo yo solo las grandes decisiones de mi vida, o influyen sistemáticamente las distintas necesidades de mi pareja, mis padres o mis hijos?

¿Hasta qué punto dependo de mi trabajo por lo que me aporta económicamente? ¿Me he endeudado tanto que debo hacer horas extra y trabajar fines de semana y festivos?

¿Dependo tanto de mi pareja que soy capaz de aceptarlo y aguantarlo todo, e incluso de callarme si me humilla?

Las personas que me rodean ¿ocupan un lugar tan importante que no puedo permitirme llevarles la contraria con mis actos u opiniones por miedo a ofenderlas o arriesgarme a perderlas?

¿Estoy obligado a aguantar los estados de ánimo de mi superior para conservar mi trabajo, mientras que podría aspirar a un trabajo mejor en otra parte a poco que le pusiera ganas?

¿Hasta qué punto mis adicciones –ya se trate de tabaco, alcohol, drogas, comida o deporte– afectan a mi vida y, consecuentemente, condicionan mis actividades y deseos?

¿Hasta qué punto me han atrapado esas dependencias?

¿Hasta qué punto dictan mi vida?

¿En qué medida sigo siendo dueño de mi existencia?

Hay que hacerse estas preguntas de vez en cuando, tal vez a partir de hoy mismo, para ser conscientes de nuestro nivel de dependencia.

Todos experimentamos alguna forma de dependencia en nuestra vida personal y laboral, es un hecho. Por esta razón es importante determinar en qué forma, y saber si es mayoritaria o minoritaria.

En conclusión: ¿qué pongo en la balanza? ¿Cuáles son los ingredientes de mi bienestar?

No podemos vivir de manera absolutamente independiente, como el gato, pero debemos corregir ciertas desviaciones que todos tendemos a dejar que se instalen en nuestra vida sin ser siempre conscientes de ello.

TRABAJA PARA RECONQUISTAR CIERTA INDEPENDENCIA EN TODOS LOS ÁMBITOS. ASÍ CONSEGUIRÁS SER LIBRE.

Como no necesitamos movernos continuamente, como vosotros, suponéis que no hacemos nada en todo el día.

En realidad, al contrario de lo que creéis, somos de gran utilidad para el hombre.

Cuando volvéis del trabajo estresados y de mal humor, con malas vibraciones acumuladas durante todo el día sin daros cuenta, ¿quién creéis que se encarga de quitaros todo eso de encima?

¿Por qué solo os sentís mejor y os vais tranquilizando, como por arte de magia, tras pasar un rato en nuestra compañía?

Los gatos estamos ahí para eso. Cuando nos tocáis, absorbemos esas malas vibraciones que os ponen tristes u os enfadan. Además, os dais cuenta y pensáis que nuestra mera presencia es relajante, pero hacemos mucho más que eso sin que lo sospechéis.

Os curamos a diario de los males que os inflige la vida, porque os queremos.

ZIGGY

EL GATO CONFÍA EN SÍ MISMO

La diferencia entre un gato y un perro es que el perro piensa: me dan de comer, me protegen, deben de ser unos dioses. El gato piensa: me dan de comer, me protegen, debo de ser un dios.

IRA LEWIS

Como hemos mencionado en el capítulo sobre el orgullo y la autoestima, una de las principales fortalezas innatas del gato es la autoconfianza.

¿Habéis visto alguna vez a un gato adoptar una actitud introvertida, como si no estuviera muy seguro de sí mismo? ¡Nunca! Está orgulloso de él, es el mejor y lo sabe.

Como dice el adagio: «No eres el mejor cuando lo piensas, sino cuando lo sabes». Ahí reside uno de los pilares de la autoconfianza. ¡Parece una diferencia sutil, pero es muy importante!

Como ya hemos dicho, la confianza en uno mismo demuestra tanto que nos aceptamos tal y como somos realmente, como que estamos orgullosos de lo que somos, en consonancia con nuestras virtudes y nuestra escala de valores.

Para el gato, la autoconfianza es, por ejemplo, ir hacia nosotros espontáneamente mientras piensa: «Sé que me quieres», y no: «¿Me sigues queriendo hoy?». Y esta certeza, por consiguiente, también forma parte de su aura, de su encanto, de su belleza... del hecho de que lo queramos.

Hay mucha gente que sufre falta de confianza y, por el contrario, hay otros que tienen excesiva autoconfianza, muchas veces sin ningún motivo.

Te habrás dado cuenta de que los capítulos de este libro convergen y se entrecruzan, ya que la confianza total en uno mismo responde a un conjunto de habilidades; en esta obra aparecen separadas a propósito para aprehenderlas mejor, pero todas convergen e interfieren entre sí.

Sí, hay que quererse para tener autoconfianza, hay que ser lo bastante independiente e íntegro, liberarse del qué dirán, etc.

La confianza en uno mismo no es un concepto deslavazado, inasible: es un aprendizaje, la suma de las fortalezas que posee el gato, la capacidad para integrarlas una a una, lo que permite actuar y vivir mejor cada día.

Las personas que confían en sí mismas son el centro de atención, son libres, carismáticas... Muchos piensan que son felices, pero es que han sabido cultivar las habilidades que permiten desarrollar esa autoconfianza a lo largo del tiempo.

Imita al gato a ese respecto y tú serás tú.

«¡CONFÍA EN TI MISMO!»
SERÍA UN FRASE FÁCIL PARA UN LIBRO COMO ESTE. SIN EMBARGO, PUEDO ASEGURARTE QUE CULTIVAR LOS DISTINTOS ASPECTOS QUE FORJAN LA AUTOCONFIANZA, COMO HACE EL GATO, COLMARÁ TU VIDA DE ALEGRÍAS Y VICTORIAS, LO QUE PROVOCARÁ QUE LA CONFIANZA SURJA NATURALMENTE DE TI.

EL GATO SABE DELEGAR

Los gatos son astutos
y conscientes de que lo son.
TOMI UNGERER

¿Eres de los que siempre están pendientes de sus seres queridos y al servicio de todo el mundo? O, al revés, ¿piensas que tienes derecho a todo y que todos tienen que estar a tu servicio y atender tus exigencias?

No hay que pasarse, pero dejar que te sirvan, como a un gato, puede descargar tu día a día.

Es de sobra conocido que el gato no hace nada y que le sirven durante todo el día. ¡Es el rey de la casa!

No se trata de calcar esa actitud regia y dominadora, ¡pero tampoco ser un esbirro y estar al servicio continuo de la familia! Satisfacer todas las necesidades, caprichos y deseos de tus hijos, así como de tu pareja, es lo menos relajante que existe.

Aprende a que te sirvan, al igual que el gato, y empieza delegando algunas tareas cotidianas. No eres el sirviente o la chacha de tus hijos y no puede hacerles ningún daño que les des un poco de autonomía, delegando en ellos algunas tareas para garantizar la buena marcha del hogar.

¡Saldrás ganando en tiempo, eficacia, cansancio y estrés! ¡Saber delegar es básico! Pero para conseguirlo hay que pedir, y dejar de hacer tal cosa en lugar de... o porque yo tardo menos que...

Esto es igualmente válido para los responsables en una empresa: les cuesta confiar y delegar, y no dejan de comprobar y validar el trabajo de cada uno. Es una mala costumbre que se convierte en un mecanismo, ya que después los empleados estarán tan «sobreprotegidos» que necesitarán que les validen el menor detalle de su trabajo. Cuántas horas y cuánta autonomía perdidas, ¡y cuánta sobrecarga de trabajo para el jefe que tal vez eres!

Aprender a delegar es ante todo ganar tiempo para ti, para hacer lo que quieras, en vez de ser un esclavo permanente de las necesidades cotidianas de los que te rodean.

Además, ¿no es acaso delegar una prueba de confianza que les damos a nuestros seres queridos, a nuestros empleados, a nuestra pareja o a nuestros hijos? Es otra manera de ver las cosas…

De esto a decir que el gato vive y se hace servir como un rey por nuestro bien, sería exagerar un poco. Y aun así...

**TANTO EN EL TRABAJO
COMO EN CASA,
SÉ COMO UN GATO:
¡APRENDE A DELEGAR!**

PARA REFLEXIONAR

**LOS PERROS TIENEN AMOS;
LOS GATOS, CRIADOS.**

Dave Barry

UN DÍA EN LA VIDA DEL GATO

8.45: UNA MAÑANA TRANQUILA

🐾 Cuando te tienes que ir a trabajar, al gato le apetece salir a dar un paseo. Por cierto, ¿alguien sabe lo que hace un gato durante todo el día?

🐾 ¿Sale a toda mecha de casa? No. Se bambolea con calma y apoya la cola en el marco de la puerta durante un buen rato mientras olfatea, ¡lo cual a él le divierte y a ti te enfada porque no puedes cerrar!

🐾 ¿Por qué sales corriendo para dar media vuelta al cabo de un momento e ir a buscar las llaves o la carpeta que te has olvidado en casa? ¡Tranquilo! ¡No hace falta correr si te organizas un poco! Mira a tu gato: acaba de salir tan tranquilamente. Correr caóticamente de un lado a otro solo genera pérdida de tiempo y estrés.

🐾 Tu bienestar pasa por que actúes con calma durante todo el día. Lo harás todo tan rápido y tan bien, de manera práctica, tranquila y organizada como de manera caótica, a toda prisa y atacado por el estrés y la ansiedad.

🐾 Al igual que el gato, más vale empezar el día con paso firme y tranquilo, dedicar unos segundos a levantar la vista al cielo y atrapar los primeros rayos de sol, como hace él. Y sonreír.

EL GATO SABE DEDICAR TIEMPO A VIVIR

El gato es el único animal que lleva
una vida contemplativa.

ANDREW LANG

Cuando le vemos ahí plantado, sentado o tumbado mirando el paisaje, escrutándolo todo, podemos pensar que el gato es un holgazán que no hace nada en todo el día. ¡Y es cierto si lo pensamos como humanos!

La diferencia entre no hacer nada y dedicar tiempo a vivir solo es una apreciación... muy humana.

En nuestra sociedad actual, no hacer nada, disfrutar, observar, respirar, dedicar tiempo a vivir... se considera una actitud casi sospechosa. ¡Hay que ir de un lado a otro, aprovechar cada minuto, rellenar el tiempo, acumular tareas y actividades, no «perder el tiempo»! Eso es lo normal y la regla que prácticamente se ha impuesto en nuestra sociedad.

Cuando veo esa agitación permanente, casi neurótica, entre mis coetáneos, no puedo evitar ponerme del lado del gato, que parece divertirse viendo cómo resoplamos pedaleando en una bicicleta estática mientras contestamos al teléfono y vemos las noticias en la tele. En ese momento, nos toma por unos pobres locos por agotarnos de ese modo.

Dedicar tiempo a vivir no es rellenar a la fuerza cada momento de nuestra vida y ocultar un sentimiento sordo de miedo a la muerte: tener que ver todo y haber hecho todo antes de que...

Dedicar tiempo a vivir es justo lo contrario: ser consciente de cada momento, darle importancia, apropiárnoslo, para empaparnos de él y disfrutar de cada fracción de segundo.

Eso es lo que hace el gato, aunque a primera vista parezca que no hace nada, que no tiene noción del tiempo (al menos en el sentido en que la tenemos nosotros), ni de la muerte que le espera y que nunca anticipa hasta el último instante de su vida. (Si dejamos a un lado la hipótesis de que, por su conocimiento innato, sí que sepa qué hay al otro lado, lo cual también podría explicar su actitud plácida en el mundo de los vivos; pero esta es otra historia…).

Dedicar tiempo a vivir es saber disfrutar de la vida y no acumular en un calendario milimétricamente segmentado todo lo que «hay que hacer», «hay que ver», «hay que visitar»... ¡Incluso las vacaciones se han convertido para muchos en una carrera extenuante y aún más planificada y cronometrada que una semana laboral!

Pisa el freno, detente, observa... Imita a tu gato y siente cómo recuperas la calma.

**YA CONOCES EL DICHO:
«HAY UN TIEMPO PARA NACER
Y UN TIEMPO PARA MORIR»,
ASÍ QUE HAZ COMO EL GATO:
¡DEDÍCALE TIEMPO A VIVIR!**

EL GATO SE ADAPTA A TODO ENSEGUIDA

El gato es como la salsa boloñesa:
siempre cae bien.
PHILIPPE GELUCK

Ziggy es un gato como cualquier otro que, sin embargo, cuenta con un punto débil con respecto a los demás: en su primer año de vida le atropelló una moto y perdió la pata delantera derecha.

Aun así, cuando vivíamos en el campo tenía que defender su territorio del resto de bichos, seducir a gatitas, saciar su instinto cazador ¡e incluso asearse sin poderse pasar la pata por detrás de una de sus orejas!

No le resultaba difícil conseguir su sesión diaria de rascado tras la oreja: ¡se restregaba contra mí hasta que se quedaba a gusto!

En cuanto a lo demás, me quedé boquiabierto al verle comportarse igual con tres patas que con cuatro al cabo de solo dos semanas. ¡En cuanto se arrancó las vendas, claro!

No se quedó bloqueado ni una sola vez ante ningún obstáculo que tuviera que franquear, ya fuese un muro o una valla que tuviera que escalar. Para él nada había cambiado cuando, en realidad, con una pata menos todo había cambiado.

Me impresionó su capacidad de adaptación y le observé durante mucho tiempo para ver cómo se las apañaba: efectivamente, no había grandes diferencias y estas apenas se notaban. ¡Cuando corría, ya no se impulsaba con las patas delanteras, como un felino, sino que lo hacía con las traseras, como un conejo! ¡Iba a toda mecha!

En lo que se refiere a los gatos intrusos, al verle amputado pensaban que podrían pasearse tan tranquilos por el jardín sin ningún miedo: ¡grave error! Como en el caso anterior, había adoptado una técnica particular: en vez de correr tras un gran gato que quería hacerse el chulito, Ziggy se plantaba en medio del jardín sin moverse y le dejaba avanzar. El intruso daba vueltas cada vez más cerradas a su alrededor. Cuando el enemigo estaba lo bastante cerca, Ziggy se enderezaba apoyándose en las patas traseras como un canguro, ponía la pata delantera en guardia como un boxeador, y dejaba que el otro siguiera acercándose. El gato grande no comprendía esa actitud tan poco habitual en un gato y seguía avanzando con cierta desconfianza, pero nada más. Yo me quedaba hipnotizado observando esa tranquilidad, esa postura de boxeador...

Y, cuando tenía al gato al alcance, ¡Ziggy le soltaba un izquierdazo que dejaba aturdido al gato grandullón! (¡Había desarrollado extraordinariamente la musculatura de su única pata delantera!). El intruso, sorprendido, emprendía la retirada ¡y solo entonces Ziggy se ponía a perseguirle para echarle de su territorio! ¡Me quedé pasmado! Rara vez ha tenido que hacer nada más para ahuyentar a quienes tratasen de acercarse a la casa: ¡le bastaba un gancho fulgurante de boxeador!

En cuanto a las gatitas, ese ya era otro tema, pues la seducción y los juegos previos al apareamiento son un poco bruscos y había que verlo intentando mantenerse en equilibrio sobre el lomo de una gata (¡qué momentazo!).

Sin embargo, la gata de la vecina, que estaba algo enamorada de Ziggy, enseguida comprendió que con el juego habitual él no podría sujetarla por la nuca, como hacen los gatos, y permanecer sobre ella sin caerse. Entonces, cuando le venían las ganas, se colocaba inmóvil frente a él, estirada y con el trasero hacia arriba. ¡El señorito solo tenía que trabajar en pro de su placer!

Los gatos nos superan en muchas cosas, también en su capacidad de adaptación y, en el caso de esa gata, en su comprensión.

Ese hándicap nunca le ha impedido vivir como antes. No ha habido escalera o árbol que hayan podido con esa pata perdida. ¿Nosotros seríamos capaces? ¿Unos endebles humanos que nos quejamos tanto por bobadas físicas mucho menores?

Es una capacidad de adaptación física envidiable.

Cuando dejé esa casa, me fui a vivir al centro de Lyon. Para él supuso un hábitat nuevo y nuevas condiciones de vida: en lugar de jardín, tenía una callejuela que se calmaba a partir de las once de la noche y donde había unos viejos talleres con una gatera. Ziggy se adaptó a este nuevo lugar y era feliz saltando por la ventana y pasándose la mitad de las noches cazando ratones.

Y, para rematar esa capacidad de adaptación a un entorno nuevo, seguimos en Lyon pero nos mudamos a un barco. ¡Solo hubo que controlar su atracción por los patos que pasaban, para que no saltase al río! Al principio le impresionaba un poco esa enorme extensión de agua a su alrededor, pero al cabo de unos días era de nuevo el amo del lugar y se paseaba pavoneándose por el punto más alto del techo del barco, vigilando su nuevo territorio desde el puesto de mando y yendo y viniendo entre las crujías. Después, cuando quiso ampliar su territorio, bajó los peldaños de la escalerilla para pasearse por el muelle, purgarse en el césped y vigilar de cerca a los patos extraviados que se acercaban a la orilla.

¡El gato es un maestro en cuanto a lo que capacidad de adaptación física y capacidad de adaptación al entorno se refiere! Aunque no le guste nada cambiar sus costumbres y su estilo de vida, es capaz de hacer todo lo posible para reconstruir su burbuja de bienestar, sus placenteras costumbres vitales y su universo.

¡Su capacidad de adaptación es todo un signo de inteligencia!

¿DE DÓNDE PROCEDE LA CAPACIDAD DE ADAPTACIÓN DEL GATO?
¿DE SU AMOR POR LA VIDA?
¿DEL AMOR POR SU VIDA?
¿DEL AMOR A SÍ MISMO?
¡YO CREO QUE DE LOS TRES!
¡TOMEMOS EJEMPLO DE ÉL!

PARA REFLEXIONAR

SI SE PUDIERA CRUZAR AL HOMBRE CON EL GATO, SERÍA UNA MEJORA PARA EL HOMBRE Y UNA DEGRADACIÓN PARA EL GATO.

MARK TWAIN

EL GATO AMA LA TRANQUILIDAD

El silencio de los gatos es contagioso.

ANNIE DUPEREY

Hay momentos en los que todos soñamos con decir cosas como «¡Déjame en paz! ¡Silencio! ¡Tranquilízate! ¡Dame un respiro!».

Nos encontramos atrapados en un continuo torbellino de ruidos, pitidos, estrés, puertas del metro que se cierran, timbres de teléfono, alertas de la agenda, citas, correos electrónicos... Un movimiento incesante y ruidoso que machaca los nervios.

La tranquilidad recarga las pilas del gato, él la ama, la desea y la busca. La tranquilidad exterior alimenta su calma interior. ¿Por qué no hacemos lo mismo nosotros?

¿Por qué no pruebas a dedicar tiempo todos los días a bañarte con absoluta tranquilidad, en silencio? Sin escuchar nada más que a ti mismo, tu voz interior, los latidos de tu corazón...

De este modo puedes aumentar tu paz interior, cultivarla y cuidarla todos los días para recuperar o encontrar la calma exterior. Sencillamente, vivir mejor.

En cuanto se te presente la ocasión, haz como el gato y busca un poco de tranquilidad. Y si tu entorno no se presta a ello, haz como él de todas formas: vete y aíslate sin decir nada en un lugar que solo conozcas tú. Y no regreses hasta que hayas satisfecho tu necesidad de calma y hayas repuesto tus reservas de energía.

Podemos aguantar todo el ruido del mundo siempre que no sea impuesto por obligación, siempre que no venga a robarnos nuestra calma interior para alimentar un estrés inútil.

SI CREAS DE FORMA REGULAR UN ENTORNO TRANQUILO, CREARÁS EL ENTORNO DE TU BIENESTAR. ¡ES LA MEJOR SOLUCIÓN PARA EVITAR ÚLCERAS!

EL GATO ELIGE SU ENTORNO

Nunca elegimos a un gato,
es él quien nos elige.
Philippe Ragueneau

Una cosa está clara: el gato nunca establece lazos con otros gatos o humanos que no le convienen. Elige uno por uno a los miembros de su entorno, a los que apreciará proporcionalmente.

¿Por qué nosotros, animales humanos, pasamos una buena parte de nuestra vida aguantando a personas insoportables que se encuentran en las antípodas de nuestros valores?

¿Por qué, por convención social, y a veces por cobardía, nos obligamos a multiplicar reverencias y sonrisas malgastando tiempo y energía en mantener, casi bajo coacción, todas esas relaciones que nos emponzoñan?

¡Lo más sencillo que podríamos hacer es elegir, como hace el gato!

Elegir con quién nos vemos, elegir con quién compartimos el tiempo, a quién queremos, con quién deseamos pasar la vida.

El gato que te elige primero prueba tu afecto, tu personalidad, tu fidelidad. Luego se entregará si así lo desea, si te percibe como necesario en su vida actual y futura y, como te ha elegido, contarás con toda su lealtad.

La vida es demasiado corta como para compartirla con estúpidos: ¿cómo podemos ser tan tontos?

Pues sí, lo somos: ¡muy tontos, sin ninguna duda!

NO AGUANTES A MÁS CRETINOS,
ELIGE CON QUIÉN TE RELACIONAS.
¡ELIGE A TUS AMIGOS!

UN DÍA EN LA VIDA DEL GATO

14.00: HORA DE DESCANSAR

- El gato ha estado paseando toda la mañana, ¿por qué no haces tú otro tanto?
- No es muy agradable comer en una inhóspita sala de descanso, ¡y una cafetería ruidosa no es mucho mejor!
- Puedes aprovechar la pausa del mediodía para salir a comer fuera de tu lugar de trabajo.
- Respira hondo, paséate, sueña despierto frente a los escaparates o en un parque, camina tranquilamente, siéntate en un banco para comer... Pero, sobre todo, toma el aire, como un gato. Deambula por donde te apetezca, sal, respira, haz una pausa y, mientras callejeas, empápate de la belleza que hay a tu alrededor y en la que normalmente no te fijas por falta de tiempo.
- Sin duda, deambular es la mejor forma de evadirse, de respirar y de poder descubrir cosas hermosas, y también de conocer a gente nueva.
- ¿Estará el amor a la vuelta de la esquina? Hay que deambular mucho para encontrarlo...

EL GATO SABE DESCANSAR, LE GUSTA DORMIR

Cuando despierto a mi gato, tiene el aspecto
agradecido de quien sabe
que puede volverse a dormir.

MICHEL AUDIARD

Ya conoces el refrán: «Gato dormilón no pilla ratón». Mírale dormir, dormir, dormir... A todos nos encanta dormir, así que... ¿por qué privarse cuando se presenta la ocasión?

¿Por qué no preferimos una siestecita reparadora a la urgencia por fregar los platos, que deben «imperativamente» lavarse, secarse y colocarse al momento?

Aprende a descansar como el gato, déjate caer en los brazos de Morfeo en cuanto tengas la oportunidad. Sabes que sienta bien. Tanto para la mente como para el cuerpo. Mira cómo entorna los ojos despacio, él ya hace tiempo que lo sabe...

El gato, este gran inventor de la ociosidad, no solo cultiva el sueño, sino también el placer de la modorra recurrente.

Dormir es uno de esos placeres de la vida a los que el gato se entrega, un sueño primero ligero y luego profundo donde vemos cómo corre en sueños. Dormir es descansar, adormecerse, estar a gusto y soñar... ¿No tenemos a veces sueños que nos gustaría alargar?

¡Claro que sí! Y también hay sueños que nos gustaría tener. ¡Chiss! ¡Es un secreto!

¡QUE TE GUSTE DORMIR NO TE IMPEDIRÁ EN ABSOLUTO «APROVECHAR EL TIEMPO»! SOBRE TODO EN EL VANO SENTIDO QUE HOY EN DÍA LE SOLEMOS OTORGAR A ESA EXPRESIÓN...

EL GATO SABE DECIR NO
(¡Y NO SE CORTA!)

Me gustan mucho los gatos:
piensan y se lo guardan para sí.
JEAN-MARIE GOURIO

Los gatos odian que les digan lo que tienen que hacer. ¿Obedecer una orden? ¡Ni de broma!

«¡Para eso te buscas un perro!», piensan.

El gato es testarudo de la cabeza a la cola y rara vez conseguirás una acción como consecuencia de una orden.

Pero ¿acaso a nosotros, los humanos, nos gusta recibir órdenes? ¡Por supuesto que no! Y, sin embargo, las sufrimos durante todo el día, tanto en el trabajo como en casa. Eso sin hablar de todas las órdenes indirectas que recibimos a través de unos códigos sociales que «debemos» seguir a rajatabla...

Podemos tomar al gato como ejemplo para aprender a decir ¡«no»!, cuando es necesario.

Dejemos de aguantar continuamente las necesidades de los demás, de seguir directrices que no nos incumben y que nos hacen vivir en un estado de sumisión en el que siempre decimos «sí» cuando en realidad queremos decir «no». Puede tratarse de un favor que ha derivado en una costumbre de la que ahora no puedes librarte; puede ser un exceso de trabajo al margen de tus funciones que, según tus superiores y tus colegas, supone un logro, pero que no conlleva ninguna compensación económica... ¡No!

Aprende a decir «no» de vez en cuando a tus hijos, a tu pareja, a tu jefe, a tus amigos. No por egoísmo, sino para proteger tu libertad de acción y tu tiempo, pues, a fuerza de decir «sí» a todo, todo el rato, a todo el mundo, ¿qué tiempo te queda tanto para desempeñar tus tareas como para dedicarte a tus placeres?

Aprender a decir «no» es aprender a salvaguardar tu tiempo, tu capacidad para actuar y tu vida, pero también es saber hacerse respetar en un entorno que a veces se aprovecha injustamente de la incapacidad de decir «no».

Hay que equilibrar la balanza entre las órdenes y los favores. Nadie tiene que estar al servicio permanente de los demás.

«¡NO ES NO! ¿QUEDA CLARO?»

PARA REFLEXIONAR

**EL LEMA DEL GATO:
DA IGUAL LO QUE HAYAS HECHO,
HAZ CREER SIEMPRE QUE HA
SIDO CULPA DEL PERRO.**

JEFF VALDEZ

EL GATO EVITA LOS CONFLICTOS (EN LA MEDIDA DE LO POSIBLE)

Las personas que aman a los gatos evitan los enfrentamientos.

ANNIE DUPEREY

Salvo para defender su territorio o para cortejar a la gata de la vecina (para lo cual ha tenido que zurrar a un felino merodeador que vino a probar suerte), al gato no le gustan los conflictos.

¿Has visto alguna vez un gran grupo de gatos que se haya reunido para darle una paliza a otro grupo con el falaz pretexto de una anexión territorial o de la defensa de unos recursos naturales? ¿Y todo ello dirigido por dos enormes gatos con galones de alto rango militar? ¡Jamás!

Y cuanto mayor se hace un gato, más estratagemas utiliza para que un enemigo huya y, de esta manera, evitar el conflicto.

Ziggy tiene un truco infalible cuando un gato grande invade su territorio por la noche. Cuando nota que se acerca el peligro, se esconde y espera. Al principio le oía gruñir por la noche con voz ronca (¡daba miedo!); entonces salía y veía a un gato largarse pitando del jardín sin decir ni mu. Y ni rastro de Ziggy. Le llamaba y no venía.

Comprendí cuál era su técnica desde dentro de casa, a oscuras: se escondía en la esquina sin luz del alféizar de la ventana, tras unas ramas de enredadera, y con sus rugidos (en serio, ¡parecía un tigre!), advertía al intruso de su potencial corpulencia, pero sin mostrarse nunca. Si el gato se quedaba por la zona, ya sabía a qué atenerse si había pelea. Nueve de cada diez se iban. El gato huía, Ziggy no se movía de su garita de vigilancia hasta no estar seguro de que el otro había cruzado la frontera de su territorio y después retomaba su ronda nocturna. Tenía solo tres patas, pero usaba como armas nocturnas para evitar el conflicto la astucia, la estrategia y el engaño.

El gato no es beligerante ni camorrista. Es audaz y, siempre que sea posible y su territorio no peligre, evita tener que pelearse. Este es uno de los preceptos que leí en *El arte de la guerra*, de Sun Tzu: quizás él también se inspiró en los gatos más de quinientos años antes de Cristo. Por desgracia, se diría que los estrategas más «selectos» y los mandos militares de nuestros días se han olvidado de leer…

El gato actúa de una forma interesante frente al conflicto, en comparación con las ofensivas militares tan milenarias como inútiles que a día de hoy la naturaleza humana sigue incrementando.

En un conflicto solo hay dos perdedores y eso lo sabe el gato desde hace muchísimo tiempo.

EN LA MEDIDA DE LO POSIBLE, ¡EVITA LOS CONFLICTOS!

AL GATO LE GUSTA SU HOGAR Y MARCA EL TERRITORIO

Me gustan los gatos porque me gusta mi casa
y ellos se convierten poco a poco en su alma visible.
JEAN COCTEAU

Al gato le encanta su casa: es su dominio, tenga el tamaño que tenga, y él es el único dueño y señor. Algunas personas que tienen gato suelen decir con una sonrisa: «El gato no vive en mi casa, ¡soy yo quien vive en la suya!».

Esa tendencia que tiene el gato a ser el jefe, a hacer que le sirvan, a ser obstinado y hacer únicamente lo que le place, provoca que ciertos dueños y dueñas, por amor a su gato, acaben saturados de sus necesidades y deseos. Cada cual debe marcar unos límites para vivir en paz.

Pero lo que ahora nos interesa es el amor, el cuidado y la protección que el gato brinda a su casa, a su territorio. Hay que tener en cuenta además que un gato que viva en el campo, incluso si es doméstico, puede tener un territorio que se extienda a lo largo de tres o cuatro hectáreas. No deben sorprenderte, por tanto, sus larguísimos paseos: se pasa el tiempo vigilando sus dominios.

Dicho esto, el gato está muy ligado a su casa, aunque no sea más que un piso de una habitación, porque representa el corazón de su universo de confort, el marco de su bienestar físico y psicológico.

¿Te has fijado alguna vez en el interior de los pisos de tus amigos? ¿En su limpieza, orden, decoración...? ¿Pasan mucho tiempo en casa? ¿O están fuera la mayor parte del tiempo? ¿Te invitan a menudo?

Si lo piensas bien, ¿no percibes un cierto vínculo entre la casa de esas personas y su estado emocional? Muy a menudo hay una relación directa entre la felicidad anímica y el cuidado y la decoración del lugar donde vivimos. Es como una acción refleja, una visualización directa del bienestar e incluso a veces de la imagen que uno tiene de sí mismo.

Y tú, ¿cómo te sientes en casa? ¿Cómo son las paredes y los muebles? ¿Te encuentras a gusto y estás cómodamente instalado? ¿Te gusta que vengan tus amigos a cenar? ¿Estás orgulloso de mostrar tu intimidad? ¿Tienes un sofá con un montón de mantas y cojines para las sesiones dominicales de película y acurrucamiento? ¿Has creado todas las condiciones para tu bienestar?

Al igual que sucede con el gato (¡pero no hace falta que tú marques tu territorio!), tu casa refleja tu bienestar interior.

También es tu refugio, el lugar donde puedes descansar, tomar fuerzas y aislarte un momento del ajetreo exterior.

Tu casa es el centro neurálgico de la felicidad, por lo que puedes extender sus fronteras, al igual que él, mediante círculos concéntricos: en tu barrio, tus costumbres, los dependientes de las tiendas que conoces, ese parquecito que está en la esquina de la calle y donde puedes ir a leer tranquilamente en verano. Al igual que el gato, puedes ampliar tu territorio, tu zona de confort y de seguridad.

Tu nido tiene que ser confortable, un lugar al que siempre puedas volver para descansar, cuidarte, centrarte y recibir a las personas que quieres.

¡HOGAR, DULCE HOGAR!
CULTIVAR LA COMODIDAD
Y LA ESTÉTICA DE TU CASA,
SOLO PUEDE HACERTE BIEN.

UN DÍA EN LA VIDA DEL GATO

14.45: ¡UNA SIESTA DE OBLIGADO CUMPLIMIENTO!

- Aunque tu gato se pase durmiendo la mitad de la tarde, tú seguramente no te lo puedas permitir.
- En cambio, después de comer y de darte un relajante paseo, quizás aún te queden quince o treinta minutos antes de volver al trabajo.
- ¿Por qué no pruebas a echarte una microsiesta, aunque sea de quince minutos? Recargarás pilas como si hubieras dormido varias horas.
- Cada vez más empresas adoptan esta práctica para que sus equipos sean más eficaces.
- ¡La siesta del gato es el futuro de las empresas! Para ti es, sobre todo, una forma de recuperarte de una mala noche, de reponer fuerzas ¡o de anticipar una salida con tus amigos que ya sospechas que puede alargarse hasta bien entrada la noche!

EL GATO ENTREGA SU CONFIANZA

No podemos fiarnos de nadie. Pero con los gatos es distinto: cuando te aceptan en su vida es para siempre.

ANDRÉ BRINK

En el momento en que un gato te elige como su compañero en la vida, deposita en ti una confianza total y absoluta, casi ciega. Por ejemplo, cuando le acaricias se pone boca arriba: un gato nunca adopta esa postura de manera natural (excepto en su cama, donde sabe que está seguro) porque es totalmente vulnerable y estando así le costaría mucho huir o defenderse. Y, sin embargo, mimo a mimo, con besos y gestos de cariño, sabrá ponerse encima o al lado de ti, en posturas increíbles, para que le acaricies sin parar, juegues con él y le rasques la tripa. ¡Confía en ti!

Esta absoluta confianza se demuestra de distintas formas, pero ciertas actitudes son indicadores flagrantes.

¿Qué confianza otorgamos nosotros a los demás? ¿Hasta qué punto?

A menudo sucede que, tras una decepción sentimental, ya sea amorosa o de amistad, nos cuesta recobrar la confianza. Podemos creer al otro pero seguimos alerta, atentos a la mínima señal que (muchas veces) podemos malinterpretar como un futuro paso en falso o una posible mentira.

Esta actitud recelosa puede perjudicarnos en la vida. ¿Cómo se puede ser feliz viviendo continuamente con el temor de que el otro te traicione en cualquier momento? Es imposible.

La única salida para recuperar la calma y la alegría de vivir es volver a confiar de una forma casi similar a la del gato: ciegamente.

Lo primero, sin embargo, como hace él, es no otorgar esa confianza a cualquiera ni abrir de par en par las puertas de tus sentimientos y de tu vida de forma inmediata.

Fíate de tu intuición con las personas que conozcas, ella nunca se equivoca. Y en cuanto sientas que has encontrado a la persona adecuada, ya sea para una historia de amor o para una buena amistad, no te cierres a la felicidad por mantener una actitud de miedo o desconfianza.

Abre tu corazón, libérate de tus miedos y confía. No tienes otra elección ni puedes tomar otro camino si quieres vivir plenamente esa oportunidad de ser feliz.

**APACIGUA TUS MIEDOS,
DOMÍNALOS,
AMA Y CONFÍA
CON CRITERIO.**

EL GATO ES UN BUEN JEFE

Cuando el gato no está, los ratones bailan.

REFRÁN

El gato es un directivo excelente, el jefe perfecto, porque supervisa todo sin hacer nada. Da ánimos con una simple mirada y no tiene necesidad de gritar para hacerse respetar. Simplemente, está ahí. ¡Su sola presencia basta para que los ratones trabajen! Por ejemplo, en el contexto de la redacción de este libro ¡yo era el ratón! Y Ziggy, tumbado sobre una pila de folios, vigilaba por el rabillo del ojo para que no se me fuera el santo al cielo y entregara el manuscrito en el plazo acordado.

Ser un gato en el trabajo significa por una parte, como ya hemos visto, saber delegar. ¡Es básico! Ya sea en lo referente a la organización del trabajo y de la empresa, ya sea en cuanto a la valoración y la autonomía de los colaboradores. Pero también es, por otra parte, saber estar ahí, supervisar, ver sin ser visto, dar ejemplo...

Seas el jefe o no, la actitud del gato se adecua perfectamente al contexto profesional. Veamos algunos ejemplos:

• No te quemes inútilmente, calibra el trabajo y el tiempo del que dispones para efectuarlo según la importancia de la tarea. *(El gato: ¿Una araña? ¡No vale la pena! Espero a que pase un ratón para moverme...)*

• No te muevas de un lado a otro para aparentar que estás saturado, esto provoca un estrés inútil a tus colaboradores. *(El gato: Deja de dar vueltas para nada con ese aspirador, ¡me estás mareando!)*

• Sé eficaz cuando sea necesario, resuelve los problemas inmediatamente. *(El gato: ¿Adónde se ha creído que va ese zanahorio? ¡Quieto parado, que te voy a dar un meneo!)*

• Sé siempre observador sin llamar la atención, para estar al tanto de las novedades de la empresa. *(El gato: Sé que quien me hace cosquillas con una pluma eres tú... Acércate un poco más para comprobarlo...)*

• Sé reactivo si es necesario, aprende a reaccionar rápido. *(El gato: ¿Los topos han invadido el jardín? ¡A trabajar a destajo! ¡Vais a ver lo que es bueno!)*

• Tómate un descanso regularmente para tomar un café y de paso informarte y cultivar las relaciones sociales. ;-) *(El gato: ¿El dispensador de pienso sigue lleno? ¿No? ¡Pues me zamparé unas sardinas!)*

- No hagas como que trabajas, ¡siempre se nota! *(El gato: Ya he hecho la ronda por los puestos de vigilancia de mi territorio, la seguridad está garantizada, ¡ahora déjame dormir!)*
- No aparentes nunca que estás desbordado, ¡suele ser una muestra de ineficacia! *(El gato: Tranquilo, ¡yo controlo! Rrrr…)*

Y SI EL JEFE ERES TÚ, COMO EL GATO, MANTÉN UNA ACTITUD FIRME Y BENEVOLENTE, ESTIMULA CON LA MIRADA Y MANTENTE PRESENTE.

SEAS O NO EL JEFE EN EL TRABAJO, ¡TÚ ERES TU PROPIO JEFE! ¡OFRECE SIEMPRE LO MEJOR DE TI MISMO, PERO SIN FANFARRONEAR!

Muchas veces decís –os escuchamos– que somos unos vagos de aúpa, ya que nos pasamos todo el día durmiendo.

Primero: que sepáis que si dormimos unas horitas a primera hora de la tarde es porque preferimos vivir de noche, al contrario que vosotros. ¡No os dais cuenta porque estáis durmiendo!

Segundo: si dormimos tanto durante el día es por vosotros, porque esas fases de sueño nos permiten liberarnos de las malas vibraciones y pensamientos que hemos absorbido para aliviaros.

No nos los podemos quedar, nosotros también tenemos que limpiar la mente y el alma; el sueño sirve para eso.

Sabed también que podemos cargar con el mal humor de varios miembros de la familia y sabemos cómo aliviar a cada uno, pero nuestro sueño reparador será más largo.

Si has tenido la buena idea de acoger a una pareja de gatos desde que nacieron, podrán repartirse esta tarea en la familia. En cambio, no nos impongas a un recién llegado cuando ya estamos bien instalados, ¡puede armarse la de san Quintín en tu casa, créeme!

ZIGGY

EL GATO ES TENAZ

El rechazo de los gatos a comprender es intencionado.

LOUIS NUCÉRA

Terco, sí, ¡y tenaz más aún! Puedes llamar a tu gato cuanto quieras que, si está agazapado entre la hierba, no moverá ni una oreja ni girará la cabeza. Puede pasarse horas delante de la entrada de una ratonera esperando a que salga su inquilino. Paciencia y tenacidad: puedes verle así la mitad del día, sin que se canse ni abandone. Toda una lección de vida profesional, y también personal.

Una perseverancia que infunde respeto y consigue su objetivo: cazar al ratón. No tendrá en cuenta las horas ni el cansancio; nosotros, en cambio, a menudo queremos abandonar a pocos metros de la meta... ¡Una actitud que da que pensar!

La paciencia del gato para conseguir lo que quiere solo puede equipararse con su tenacidad, y ante esto no podemos sino quitarnos el sombrero.

Su lema es: «¡No se abandona nunca!»... Algo que para nosotros no suelen ser más que meras palabras que se lleva el viento. ¡Bravo por él!

¡SÉ PACIENTE Y TENAZ EN TODO LO QUE EMPRENDAS! ¡NO ABANDONES NUNCA!

EL GATO SIEMPRE ES PRUDENTE

Gato escaldado, del agua fría huye.

REFRÁN

El gato no es ningún cabeza loca y sus desventuras siempre le sirven de lección. Nunca se acerca a un sitio nuevo, un coche o un objeto de su entorno sin observarlo antes un buen rato y tomar infinitas precauciones. El gato evita ponerse en peligro inútilmente. Primero inspecciona minuciosamente, huele y analiza todo lo que es nuevo.

Ser prudente suele evitarle muchos problemas, muchos conflictos y multitud de accidentes. Sin embargo, el hombre de todas las épocas, sin duda por falta de instinto, ha conformado su saber y su experiencia cogiendo con la mano el ascua ardiendo para darse cuenta de que quema. Un mecanismo bastante extraño así descrito. El hombre no sabe nada hasta que no se lo enseñan. ¿Te imaginas un gato caminando sobre cenizas incandescentes?

¿Cuántos nos hemos puesto enfermos por haber comido algo en mal estado sin darnos cuenta? Y, en cambio, ¿cuántas veces has visto a tu gato arrugar la nariz y no tocar su comedero si la comida se ha resecado un poco, o no comer ese trocito de jamón que le tiendes sin haberlo olisqueado antes de cabo a rabo?

Es muy poco probable que un gato se envenene; usa los sentidos y es prudente también con lo que come.

El hombre suele ser de naturaleza intrépida, imprudente por tanto, como un niño al que hay que advertir de todo, que debe aprenderlo todo y al que hay que proteger del peligro. Si lo comparamos, ¿quién enseña a un gato que el fuego quema, que en el agua se puede ahogar, que no debe acercarse a un perrazo que ladra? ¿Quién le ha dicho que esas cosas grandes que se mueven y hacen ruido son coches que lo pueden atropellar? Lo sabe y siente el peligro de manera instintiva, al contrario que un niño.

Hemos perdido muchos instintos, muchos sentidos. Incluso en nuestra relación con los demás. ¿Cuántos no nos hemos dicho alguna vez: «Estaba seguro de que me la iba a jugar, ¡me daba mala espina desde el principio!»?

Lo has notado. Cómo ha resultado ser esa persona ha confirmado lo que sentías y, aun así, ¿seguiste a tu instinto cuando se impuso ese sentimiento de rechazo? No. Solemos elegir la «razón» frente al instinto. Es una lástima que con el paso del tiempo nos demos cuenta de que nuestro instinto nunca nos engaña y que siempre nos guía hacia lo que es mejor para nuestro bienestar, hacia la prudencia.

La primera impresión es la que cuenta. Para que en el futuro seas un poco más prudente, intenta volver a conectar con tus instintos más primarios, escúchate y confía en ti: nunca lo lamentarás.

CUANDO TENGAS DUDAS,
FÍATE DE TU INSTINTO...
¡NO LO DUDES!

UN DÍA EN LA VIDA DEL GATO

18.30: HOGAR, DULCE HOGAR. ¡DE VUELTA AL NIDO!

- Un momento de relax, de mimos, de caricias. La colada y el contestador pueden esperar. Al igual que el gato, relájate un poco tras la jornada laboral. No vale la pena lanzarse a realizar las tareas domésticas pendientes. Tómate media horita para aterrizar tranquilamente, poner música y enfundarte tu ropa de estar por casa para sentirte cómodo.

- Descansa un momento antes de comenzar con gusto tu segunda parte del día, la personal, que está hecha de las cosas que te apetecen, tus pequeños placeres, las llamadas a tus amigos...

- La única preocupación del gato a esta hora suele ser: «¿Falta mucho para comer?». Es un momento muy placentero para él, pues sabe que en un ratito, al contrario que esta mañana, tendrás tiempo para abrirle una de esas bolsitas de gelatina de salmón que le chiflan.

- Esta hora es un momento de descanso tanto para él como para ti, un momento en que la jornada oscila entre la actividad y el relax. Lo mejor es que no te lleves el cansancio o el estrés de la jornada laboral a tu universo de confort por la tarde.

EL GATO NECESITA MUCHO AMOR

Los gatos son seres hechos
para almacenar caricias.
STÉPHANE MALLARMÉ

Todos necesitamos cariño y gestos de afecto, ternura, caricias y besos. Y, mientras que muchos de nosotros a veces padecemos la carencia de este estímulo amoroso, el gato nunca duda en pedirlo cuando lo necesita.

A veces siente necesidad de fundirse contigo, al igual que nosotros necesitamos acurrucarnos junto al cuerpo de nuestra pareja y abrazarla muy fuerte y con ternura.

Esta necesidad de amor suele estar asociada sobre todo a una necesidad de amor por nosotros mismos. Para Freud, el primer trauma de nuestra vida se produce cuando se corta el cordón umbilical al nacer. Un permanente vínculo amoroso con la madre que se corta físicamente para siempre. Un vínculo de afecto que, a partir de ese momento, intentamos reconstruir a través de los demás, mediante la amistad, mediante el amor. Una fuente de amor que buscamos en las distintas relaciones que mantenemos.

Cuanto más carentes de afecto estamos, más lo buscamos, y en gran cantidad, en el otro y lo absorbemos hasta llenarnos, hasta que rebosa. Al igual que el gato, una vez saciados de amor, nos alejamos físicamente durante un tiempo de esa fuente… ¡para volver de nuevo más adelante!

La frecuencia de nuestras necesidades amorosas también depende del amor que nos tengamos a nosotros mismos. Hay personas muy cariñosas y otras más distantes, todos no necesitamos la misma «dosis» cada día, pero todos necesitamos esos sentimientos, ternura, mimos y cariño.

Lo aspiramos de nuestra pareja como el gato lo aspira de nosotros cuando hunde amorosamente la cabeza debajo de nuestro brazo. En ese momento viene a buscar nuestro amor y a darnos el suyo. Es una actitud distinta a una simple caricia para sentirse bien, pues casi parece sufrir de cuánto lo necesita. Y después, cuando su «depósito» de cariño vuelve a estar lleno hasta arriba, se marcha.

A nosotros nos sucede lo mismo: pedimos, esperamos, buscamos ese amor táctil e intelectual tan necesario, que es vital para todos, ya sea física o psicológicamente.

Sin amor, al igual que el gato y que las flores, nos marchitamos un poco más cada día. Por este motivo, desde la noche de los tiempos el corazón de cualquier existencia no puede funcionar sin ese motor: el amor.

**TODOS NECESITAMOS AMOR,
PERO HAY QUE SABER DARLO
PARA RECIBIRLO.
ES UNA CONDICIÓN
INDISPENSABLE PARA
SER FELIZ.
¿QUÉ ES UNA VIDA SIN AMOR?**

EL GATO ES SERENO POR NATURALEZA

En una casa donde haya un gato,
no hace falta ninguna escultura.
WESLEY BATES

Ir de un lado a otro sin parar, apresurarse... Es el sino de muchos de nosotros, incapaces de parar un momento por lo inmersos que estamos en la espiral del ritmo frenético de la gran ciudad y las toneladas de estrés que provoca, y que nos llevamos a casa.

En cuanto llegas del trabajo, ¿tiras el abrigo encima del sofá y empiezas a hacer piruetas entre montañas de ropa y de facturas pendientes, con una escoba en la mano y un estropajo en la otra?

Tu gato observa cómo te mueves de un lado a otro a doscientos por hora, de la cocina al salón y de ahí al despacho. Piensas que te mira de una forma extraña. ¡Sí, así es, porque, por un lado, le molestas y, por otro, se está preguntando si no estarás sufriendo una grave crisis de deplorable estupidez!

¡Coge el mando a distancia del DVD y aprieta el botón de «pausa»! No se trata de una metáfora, ¡hazlo de verdad! Inspira bien hondo y respira con calma. En ese momento sentirás un alivio profundo, como si acabases de depositar unas maletas en el suelo. En tu rostro se dibujará una sonrisa y, mediante esta acción y la mirada del gato, que no se ha apartado de ti ni un segundo, tomarás conciencia del inútil frenesí con el que has empalmado tu jornada laboral con otra jornada laboral, orbitando todavía en las más altas esferas del nerviosismo y la hiperactividad.

Me dirás que hay que ordenar, poner lavadoras y limpiar la casa; sí, pero también puede hacerse en un momento más apropiado, sin estrés y de forma relajada.

Si, de todas formas, sigues haciendo aspavientos, verás cómo el gato se levanta apaciblemente para buscar un sitio más tranquilo donde pueda empezar a asearse. Mientras se aleja, hará el gesto de sacudir la cabeza y pensará: «¡Es incorregible! ¡Estrés nada más entrar en casa! ¡Voy a okupar el armario, donde está la pila de jerséis, para que me deje tranquilo un buen rato!».

Entonces, cuando se vuelva hacia ti con un último maullido, antes de dirigirse derecho hacia la pila de ropa limpia que dentro de un rato tendrás que lavar, te parecerá oírle decir: «¡Ah! Y, además, como tienes pinta de estar nervioso y necesitas hacer algo para soltar la tensión, no te olvides de echarme más croquetas y de cambiar la arena de mi caja, ¡que ya huele!».

¡DEJA DE MOVERTE SIN PARAR! ¡CUÁNTO GASTO INÚTIL DE ENERGÍA! ¡APRENDE A SERENARTE! ;-)

PARA REFLEXIONAR

BASTA CON QUE CRUCES TU MIRADA CON LA DE UN GATO PARA CALIBRAR LA PROFUNDIDAD DE LOS ENIGMAS QUE CADA DESTELLO DE SUS OJOS PLANTEA A LOS VALIENTES HUMANOS QUE SOMOS.

Jacques Laurent

EL GATO SABE LO QUE QUIERE, ES DIRECTO

No tenemos un gato:
es él quien nos tiene a nosotros.
FRANÇOISE GIROUD

Cuando el gato quiere algo, no se anda con rodeos y no te deja en paz hasta que lo consigue. Es exigente, sabe lo que quiere y no podrás engañarle con una marca nueva de croquetas si no terminan de gustarle. Con suerte se enfurruñará o tirará el comedero, ¡y tú ya puedes guardar la bolsa en el armario para siempre y volver a comprar su marca habitual! Sabe lo que quiere y no cederá.

De la misma manera, jamás podrás obligarle a entrar en casa por la noche si está dando un paseo y está muy a gusto ahí escondido tras el macizo de flores, ¡a dos pasos de ti!

Es un magnífico cazador y, cuando quiere atrapar a una presa, ¡nada le disuade de su objetivo! Esa es la mayor cualidad del gato: es testarudo, obstinado, siempre sabe lo que quiere y no se puede negociar nada con él.

¿Cuántas veces tenemos que limar las asperezas de nuestros deseos para ajustarlos a...? Y a menudo solemos decir: «No sé lo que quiero, pero sí sé lo que no quiero».

Esa frase no me gusta del todo porque suele camuflar lo que realmente deseamos y escondemos deliberadamente, convencidos de que no podremos tenerlo, o de que no seremos capaces...

«¿Qué es lo que de verdad quiero?»: todos deberíamos hacernos regularmente y de forma sincera esta pregunta. A veces tendemos a contentarnos con lo que nuestro entorno «quiere» o espera de nosotros, con eso para lo que «creemos» estar hechos... y olvidamos los motores y los deseos que realmente nos mueven.

«¿Qué es lo que de verdad quieres?»: el gato sí lo sabe y aplica esta mecánica en todos los momentos de su vida.

Saber lo que queremos es una cosa: el paso siguiente consiste en procurarse los medios necesarios, en pedir y en ser claro con tus aspiraciones.

Como dice el refrán: «Al pan, pan, y al vino, vino», ¡no hay que andarse por las ramas y hay que ser directo!

Todos hemos desarrollado más o menos la costumbre de andarnos con rodeos para expresar lo que tenemos que decir o para pedir con firmeza lo que deseamos, y resulta agotador en varios aspectos.

Simplifica, ¡no tengas miedo a llamar a las cosas por su nombre, a abordar los temas tal y como son, a decir la verdad tal y como se presenta y a afirmar sin ambages lo que deseas! ¡Sé directo y ahorrarás energía y tiempo!

Por último, cuando el gato sabe lo que quiere lo reivindica indirectamente a través de su comportamiento (nosotros tenemos la suerte de tener el lenguaje para pedirlo), no se queda ahí: ¡actúa!

SÉ DIRECTO Y PIDE.
«QUIERO, PUEDO, HAGO».
COMO EN EL GATO,
TIENE QUE CONVERTIRSE
EN ALGO NATURAL PARA TI,
¡EN LOS ORGULLOSOS BIGOTES
DE TU VIDA!

EL GATO SE ATREVE A PEDIR
(¡TODO EL RATO!)

Los gatos parecen tener como principio que no puede ser malo pedir lo que se quiere.

JOSEPH WOOD KRUTCH

Como acabamos de ver en el capítulo anterior, una vez que hemos identificado, formulado y expresado nuestros deseos, necesitamos un poco de ayuda para actuar: una palanca, un detonante.

Muchas veces no nos atrevemos a pedir ayuda en el trabajo o en nuestra vida personal si algo nos preocupa. ¿Los motivos? Cierta vergüenza, un poco de miedo ante la posibilidad de que nos nieguen esa ayuda, reticencias a mostrarse, a pedir, a tener la sensación de estar mendigando... Sentimos aún más vergüenza cuando tenemos graves problemas económicos. No pedimos ayuda por soberbia u orgullo mal entendido.

El gato, en cambio, pide y reclama cuando tiene hambre, quiere salir a dar un paseo o le apetecen unas caricias. Incluso si estás durmiendo, no tiene reparos en despertarte para satisfacer su deseo del momento.

De la misma manera, no tienes nada que perder si pides ayuda a tu entorno cuando la necesitas. Y lo más sorprendente es que siempre hay alguien que estará encantado de ayudarte… si se lo pides, claro.

¿Cuántas veces hemos oído frases como estas?: «¡Mujer, podrías habérmelo dicho! ¿Por qué no me lo has contando antes? ¡Habría podido ayudarte!».

Pedir: a veces basta con algo tan sencillo como esto para encontrar una solución.

¡El gato siempre está en lo cierto! Él se atreve a pedir.

¡ATRÉVETE A PEDIR AYUDA! HABRÁ PERSONAS QUE TE ECHARÁN UNA MANO ENCANTADAS, ¡PORQUE ASÍ LAS APRECIARÁS!

UN DÍA EN LA VIDA DEL GATO

20.30: HORA DE CENAR

- Si la comida del mediodía ha sido un poco apresurada por el tiempo limitado de pausa en el trabajo, por la noche tienes tiempo para darte gusto y prepararte algo rico.
- El gato ha conseguido que le sirvas su picadillo de salmón en gelatina y no hay ninguna razón para que tú te conformes con cenar una lata de raviolis recalentados en el microondas y acompañados de unos restos de queso rallado seco que has encontrado en el fondo de la nevera.
- Siempre suele ser más fácil cocinar con otra persona o para dos, pero si estás solo trata igualmente de dar con esos platos que te gustan y que son sencillos de preparar.
- Tampoco dudes en usar un plato bonito, porque comer directamente de la caja de fideos chinos..., en serio, ¡puede ser un poco deprimente! Cultiva tu bienestar en los detalles. Y, si vives en pareja, aprovechad el rato de preparación de la cena para tomar una copa de vino, contaros qué tal ha ido el día, chinchar al otro con una sonrisa porque no ha echado bastante sal o porque ha cortado mal las patatas... Una ocasión para charlar y estar a gusto. Cocinar ya no será un latazo, sino un rato agradable que pasas con los preparativos, ¡y esto marca la diferencia de tu velada!

EL GATO SIEMPRE ES HONESTO

Los gatos son de una honestidad absoluta; los seres humanos ocultan sus sentimientos por una u otra razón. Los gatos, no.

ERNEST HEMINGWAY

Todos decimos una mentirijilla alguna vez... Y la primera persona a la que mentimos es a nosotros mismos. Sin embargo, los apaños que a veces hacemos con la verdad nunca nos satisfacen demasiado, sino que suelen incomodarnos un poco y no nos enorgullecen.

El gato nunca oculta su estado de ánimo, sus sentimientos o sus deseos, siempre es transparente y coherente en relación con lo que tiene en su cabeza.

«¿Por qué iba a ser de otra forma?», tal vez se pregunte. Si lo observamos, pensamos que sí, que por qué hay que actuar de una forma distinta que no sea siendo honesto con los demás y con uno mismo. ¡Al final, es la manera de actuar más sencilla!

No hay que entrar en ningún juego, ni fingir nada, ni acordarse de ninguna mentira para no contradecirse. No hay que mantenerse en guardia, aparentar una actitud o realizar tareas derivadas de algo de lo que hemos presumido para ser coherentes con nuestro entorno y que no piensen que somos unos mitómanos.

¡Mentir es agotador! ¡Y, sobre todo, mentir sin que te pillen! Además, más pronto que tarde a todos los mitómanos se les termina descubriendo porque, cuanto más se ensimisman, el juego de mentiras que van montando se vuelve más difícil de sostener, ya que todo se ramifica y se vuelve más complejo en el entorno que han creado.

Para acabar con las mentirijillas y la mitomanía, permítete tomar el camino más fácil: ¡di la verdad! Sé honesto y transparente, como el gato, y, como hemos visto anteriormente, ganarás en carisma y credibilidad.

Sé honesto por ti mismo, por tu imagen, por la confianza que los demás sabrán depositar en ti, por tu tranquilidad mental y por tu propia autoestima.

SÉ HONESTO,
¡NO TIENES NADA QUE PERDER!

EL GATO ES SILENCIOSO Y OBSERVADOR

Si los gatos pudieran hablar,
no querrían hacerlo.
NAN PORTER

En el mundo natural, el gato salvaje no maúlla fuera de los periodos de reproducción y lo hace entonces con una voz ronca, para alejar a sus rivales.

Cuando es una cría maúlla para imponerse, para hacerse oír, pero según van pasando los meses, se va callando.

El maullido claro y más bien agudo del gato en la edad adulta solo se lo dedica al ser humano. Intenta hablarnos y, por supuesto, nosotros no entendemos nada. Por ello, la mayoría del tiempo el gato calla y se sume en sus pensamientos, sus observaciones o su bienestar sin entablar ningún debate estéril con otro gato o con un humano que no comprenda nada.

Al igual que una cría de gato, cuando somos niños balbuceamos y nos expresamos sin parar pero, según nos hacemos mayores y aprendemos el lenguaje, hablamos cada vez más, ¡incluso a veces lo hacemos sin ton ni son!

El gato, al contrario que nosotros, enseguida se convierte en un «viejo adulto» y aprende rápidamente a callarse.

Él observa, silencioso, y no pierde detalle de nuestras acciones y gestos, así como tampoco de los cambios de su entorno, pero es raro que haga ningún comentario.

Nuestra tendencia a opinar continuamente y sobre todo (¡como persona locuaz que soy, sé muy bien de lo que hablo!) oculta a veces un elemento necesario para nuestro bienestar: ¡aprender a callarse!

Como gran hablador que soy, lo sé: ¡decimos tonterías para dar y tomar! Incluso a veces vamos demasiado lejos, nos malinterpretan o hablamos influidos por un mal humor que deforma nuestro discurso. No queríamos decir eso, pero ya es tarde, las palabras han salido sin pasar por ningún filtro.

Aprender a callarse es controlar la impulsividad, tratar de no decir estupideces y también reflexionar y sopesar las ideas teniendo en cuenta distintos factores. También es escuchar lo que los demás tienen que decir y no monopolizar la conversación. Es no imponer nuestra opinión como una verdad absoluta y definitiva.

Aprender a callarse también es mantener cierta perspectiva y guardar algunos secretos de nuestra vida. Sí, hay que ser sincero, pero ser transparente en todo, todo el tiempo y con cualquiera, tal vez no sea la mejor manera de protegerse de las lenguas viperinas.

Expresarse no significa explayarse y, aunque charlar sea necesario, ¡la observación y la escucha a veces son tan convincentes como los argumentos!

APRENDER A CALLARSE,
APRENDER A NO SER CONTINUAMENTE
EL CENTRO DEL MUNDO
A BASE DE HABLAR.
ESCUCHAR Y SABER CALLARSE
PUEDE SER UNA FORMA MEJOR
DE EXPRESARSE.

PARA REFLEXIONAR

EL HOMBRE ES CIVILIZADO EN LA MEDIDA EN QUE COMPRENDE AL GATO.

George Bernard Shaw

EL GATO ES UN VERDADERO AMIGO

Si eres digno de su afecto, un gato será tu amigo,
pero nunca tu esclavo.
THÉOPHILE GAUTIER

Si te admite en su universo, tu gato se convertirá en un amigo fiel e incondicional. Consecuentemente, todos los días te cuidará, irá a ver cómo estás dando pequeños maullidos, te escuchará sin quejarse, sabrá tranquilizarte, consolarte... Estará ahí para ti en todo momento.

Y nosotros, como humanos que somos, ¿siempre estamos tan disponibles y receptivos con nuestros propios amigos? Sinceramente, ¿no descuidamos esa relación de tanto en tanto, con la de tiempo que hemos necesitado para construirla?

Sí, podemos tomar como ejemplo la fidelidad, la abnegación el cariño y la amistad que nos profesa nuestro gato para aplicarlo casi al pie de la letra con nuestros amigos.

Las distintas situaciones y cambios en la vida hacen que, a menudo, hagamos paréntesis voluntarios o involuntarios en la relación con nuestros seres queridos.

¡Todos sabemos qué pasa cuando aparece un nuevo amor! Ese momento en que se forma una nueva pareja llena de pasión y olvida el mundo que le rodea durante algunas semanas, incluso meses. Una situación que todos comprendemos y conocemos y que vuelve a la normalidad poco después, cuando reanudamos una relación más constante con nuestros seres queridos una vez pasados los primeros momentos de locura.

Pero también puede suceder que, en esa situación, decidamos de manera consciente o no cambiar totalmente de vida y no volver con las personas que llevaban años a nuestro lado para consagrarnos a esa nueva pasión. Un alarde de egoísmo que genera en nuestros seres queridos un sentimiento de abandono y casi de traición.

«Desde que tiene pareja, ya no le veo el pelo», ¿quién no ha oído o dicho esta frase con decepción en uno u otro momento de su vida?

Tenemos mucho que aprender del gato en lo que se refiere a ser fiel a las amistades, él está ahí desde el primer día hasta el último, sin estrategias ni cálculos.

A veces los gatos son capaces de ser más compasivos y tener más humanidad que nosotros, cuando nos tienta replegarnos en nuestra vida y olvidar todo lo que se ha dado y se ha dicho.

La amistad es una unión tan potente como el amor, e incluso más, pues de hecho suele durar mucho más tiempo...

Sacrificarla a cambio de una bocanada de amor con la excusa de seguir los códigos de una sociedad que, a cierta edad, te dice que toca «sentar la cabeza», es en sí mismo algo calculado y una forma de «aparentar».

También es la mejor manera de asegurarse de que, el día de una eventual ruptura, tus amigos no estarán ahí para apoyarte.

**CUIDA TUS AMISTADES,
SON UNO DE LOS TESOROS
MÁS VALIOSOS DE LA VIDA
Y, COMO HACE EL GATO,
NUNCA LAS SACRIFIQUES.**

EL GATO SE CENTRA EN LO IMPORTANTE

Lo que me gusta de los gatos es esa indiferencia con la que pasan de los salones a los tejados.

CHATEAUBRIAND

Cuando observo a mi gato prestar tanta atención a su aseo y elegancia al mismo tiempo que es capaz de rebuscar algo que le interesa entre las peores basuras, se me plantea una sorprendente reflexión: no le importan el lujo ni los bienes materiales. Ni tampoco cultivar su imagen.

Me acuerdo también de aquel magnífico gato de angora blanco con ojos verdes que tenía una amiga: solía volver de sus paseos hecho un gorrino tras haberse revolcado por los sótanos y después se acomodaba en los cojines del sofá para dedicarse a su aseo. ¡Le gustaban ambos ambientes y no le importaba un comino parecer una fregona cuando regresaba de sus escapadas!

A veces, saber liberarse del entorno, de los bienes materiales, dejar de darles demasiada importancia, así como de retocarse continuamente ante el espejo, es algo que deberíamos hacer más a menudo para recuperar un poco de humildad, un poco de autenticidad y conseguir discernir de nuevo lo que es importante de lo superficial.

El gato no cultiva ni el materialismo ni el estatus social, lo único que le importan son sus placeres y deseos. ¿Y lo que piensen los demás? ¿Sus ideas, su opinión? ¡Ya hemos hablado de este tema! ¡Él pasa completamente!

¿Qué se dice a sí mismo cuando quiere algo o descubrir cosas nuevas?: «Sí, me voy a ensuciar. ¿Y qué? ¡Ya me lavaré luego! De momento... ¿por dónde ha pasado esa cosa grande de cola larga? ¡Ah, por allí! ¡Debajo de esa montaña de porquería! ¡Pues vamos allá!».

Disfruta de lo que te gusta cuando quieras hacerlo, sin preocuparte por lo demás.

NO LES DES MUCHA IMPORTANCIA A LAS COSAS MATERIALES, PUES YA CONOCES EL DICHO: «LO QUE POSEES ACABARÁ POSEYÉNDOTE».

UN DÍA EN LA VIDA DEL GATO

21.30: NOCHE RELAJADA

🐾 ¡Cojines y sofá son una delicia para el gato que quiere relajarse después de una «dura» jornada!

🐾 «¿Se puede saber qué hace aún en el despacho aporreando el teclado?», seguramente se pregunte. Empieza entonces a caminar sobre las teclas, pasa la cola por debajo de tu nariz... y nosotros refunfuñamos porque hay que «adelantar» o «rematar» un informe.

🐾 El gato está ahí para recordarnos que hay tiempo para todo: para trabajar, para la familia, para la pareja, para descansar ¡y también para él!

🐾 ¡Son las 21.30 y él piensa que ya no son horas de «adelantar» sino de «cerrar»! ¡Stop!

🐾 No le escuchaba cuando se echaba a mi lado encima del escritorio tras muchas idas y venidas de mis rodillas al teclado, frotándose de paso la nariz con la esquina de la pantalla. Eran las diez o las once de la noche y yo me enfangaba entre las líneas sin «adelantar» gran cosa.

🐾 ¿Quién tenía razón entonces? Perdía una noche de relax a cambio de muy poco trabajo eficaz.

🐾 Esta es la regla que sigo ahora: a las nueve, como tarde, se acaban todos los informes. ¡Buenas noches!

EL GATO SIEMPRE SE COMPORTA DE FORMA NATURAL

Que yo sepa, el gato es el único animal que transmite todas sus emociones mediante la orientación de las orejas, las pupilas y el vaivén de la cola.

ANNE CALIFE

Nada de falsa seducción, ni de teatro, ni de estilo impostado: el gato nunca va a aparentar lo que no es para acercarse a ti. Quiera lo que quiera o pida lo que pida, siempre lo hará siendo fiel a su personalidad.

¡Ya hemos visto que es honesto porque es lo más fácil! Así que, ¿por qué fingiría para hacerse pasar por lo que no es? ¿Para qué le serviría?

Y cuando nosotros lo hacemos, muchas veces por falta de confianza en nosotros mismos, ¿para qué nos sirve? Para nada. Nos mentimos otra vez a nosotros mismos y mentimos a los demás. Y lo peor es que estamos convencidos de que ese disfraz que acabamos de ponernos para hacer frente a una situación o a ciertas personas será más creíble que lo que somos realmente en el fondo. ¡Menuda tontería!

¿Cómo un decorado de cine de cartón piedra puede sustituir a la majestuosidad de una montaña real o el fragor de un mar encrespado?

Más allá de la mentira que elaboramos por miedo a no estar a la altura, esta es la mejor manera de resultar invisible y no tener gracia ni carisma.

¡Nuestra naturalidad no es de plástico, sino que irradia todo lo que somos y nos hace guapos, atractivos y creíbles a ojos de los demás!

La naturalidad es la prueba de lo que somos sin recovecos ni falsedades. ¡Saber ser natural en todo tipo de situaciones y asumir quién eres sigue siendo la mejor forma de que te aprecien y de deslumbrar! ¡Nunca te subestimes!

¡ACTÚA CON NATURALIDAD EN TODO TIPO DE CIRCUNSTANCIAS!

EL GATO ES HUMILDE E INDULGENTE

El gato no ha de vivir
según las leyes del león.
SPINOZA

Todos tendemos a veces a colocar el listón un poco más arriba, a ser duros con nosotros mismos, ¡hasta llegar en ocasiones a autoflagelarnos!

Sí, hay que ser ambicioso; sí, hay que dar lo mejor de sí mismo; pero también es importante saber ser indulgente con uno mismo en caso de derrota.

Aunque hayas sido honesto y te hayas esforzado al máximo en el trabajo o en un proyecto, ¡nadie te ha pedido que sobresalgas en todo, siempre, hasta el punto de caer enfermo!

¿Qué relación tiene esto con lo que nos enseña el gato? Todo se resume en esa cita de Spinoza. Aunque sea un felino, como el león, ¡el gato no se fustiga continuamente por no ser tan fuerte y tan rápido como el león! ¡Él no es y nunca será el rey de la selva! ¡Quizás ni siquiera sea el jefe de la banda de gatos del barrio! ¿Y qué? ¿Acaso eso le impide disfrutar de la vida o ser feliz? ¿Se pasa el tiempo esperando conseguir cierta posición o alcanzar ese estatus que sabe que nunca podrá tener? ¿Se odia por ello, se lo reprocha?

¡Tener un poco de humildad y aceptarnos no impide que estemos orgullosos de lo que somos y de lo que hacemos! ¿Tienes que dejar de cantar si no eres Freddie Mercury? ¿Tienes que dejar de pintar si no eres Cézanne? ¿Realmente no eres tan bueno, o solo es que eres diferente?

Debemos hacer lo mejor que podamos con lo que tenemos y seguir avanzando, pues, aunque el gato sabe que nunca será un león, no deja por ello de brincar, correr, cazar y no será el rey de la selva, ¡pero es el rey de tu sofá!

**SÉ HUMILDE
EN LO QUE HACES,
SÉ INDULGENTE
CONTIGO MISMO,
¡PERO ACTÚA!**

SECRETOS FELINOS

Aunque a muchos os guste dormir con nosotros, a menudo a la hora de irse a la cama ¡nos topamos con la puerta del dormitorio cerrada! Es cierto que, cuando somos jóvenes, nos movemos un poco y, como no dormimos mucho por la noche, nos apetece jugar en la cama. Pero bueno, unos años después nos tranquilizamos, así que ábrenos la puerta para que durmamos apaciblemente a tus pies.

Porque, si vamos a tu cama, aparte de por las almohadas y el edredón calentito, también es para protegerte...

¿Quién vigila que los malos espíritus no vengan a perturbar tu sueño?

¿Quién está de guardia en la oscuridad, sentado en el alféizar de la ventana del salón para que ningún espíritu maligno entre en la casa?

También nos ocupamos de esto... Dormimos contigo para protegerte mejor, lo creas o no, y aunque pueda parecerte místico, ¡piénsalo!

ZIGGY

EL GATO SABE DIVERTIRSE CON TODO

Cuando juego con mi gato, no sé si él se divierte más conmigo que yo con él.

MICHEL DE MONTAIGNE

Por haber tenido experiencias dolorosas, a veces nos preguntamos de qué va la vida. Así que, para paliar su aspecto más sombrío o, simplemente, para encarar una situación bajo otro punto de vista (¿el vaso está medio lleno o medio vacío?), hay que saber divertirse.

Saber divertirse es una condición básica para ser feliz. Las personas que son demasiado serias y están sumidas en unas ensoñaciones de las que nunca bajan a la realidad, a veces son incapaces de jugar, divertirse o reír; parece como si fueran personas con una discapacidad para la sonrisa.

Una de las principales ocupaciones del gato es jugar y, para él, cazar es un juego, a veces cruel cuando le vemos marear a un ratón durante horas: deja que se escape unos centímetros y luego vuelve a aplastarlo contra el suelo. ¡Es el juego de la naturaleza y nosotros, humanos, también hemos sabido inventar miles de formas de reírnos y pasarlo bien!

Hay que saber reírse, en especial saber reírse de todo, saber no tomarnos demasiado en serio, saber bajar a la Tierra desde un pedestal social cuando escuchamos: «Entiéndelo, en mi posición no me lo puedo permitir…».

La imagen social, la imagen de uno mismo, el aparentar ser culto, el fingir que ya lo hemos visto antes… En fin, todo aquello que impide divertirse y reír son unos rasgos humanos que a veces cultivamos y deberíamos olvidar.

¡DIVIÉRTETE!
¡CON TODO!
¡CONTIGO!
¡TODO EL RATO!

EL GATO ES GUAPO... Y LO SABE

Hay bellezas que exceden las palabras.
Los gatos están en esa categoría.
LOUIS NUCÉRA

Todos los gatos son hermosos, ¡lo que resulta sorprendente! Es muy raro toparse con un gato feo, a no ser que no le cuiden en absoluto, esté viejo y enfermo. Es guapo por definición desde que nace hasta que muere, y apenas padece los estragos del tiempo. ¿Los gatos tienen arrugas? ¿Se les cae el pelo? ¿Por qué los humanos sufren una degeneración física tan evidente?

¿Somos tan «superiores» en este respecto?

Que el gato sea guapo no tiene ninguna importancia, pero sí condiciona en parte esa confianza que enarbola continuamente: es hermoso y tal vez sea consciente de ello.

Es probable que no se identifique con ninguna idea de belleza, ¡lo cual supone un gran alivio en su vida!

Pero para nosotros, débiles humanos, la belleza es un elemento indispensable para ser felices, para tener confianza en nosotros mismos, y no puede esquivarse con un simple: «¡Lo importante es la belleza interior!». Es falso e insuficiente y todos lo sabemos.

Pero la naturaleza es así, no somos todos iguales en belleza, no tenemos todos ese encanto natural con el que nacen algunos. ¡De todas formas, hay un punto medio entre ser un perfecto modelo de belleza y ofrecer una imagen repulsiva!

Hay un margen que cada cual debe esforzarse en moldear para sentirse lo mejor posible con su cuerpo, un margen que permite trabajar con la actitud, con la ropa... El objetivo no es aparentar ante los demás, como decíamos antes, sino sentirse bien con uno mismo, ¡sentirse bien tanto mental como físicamente!

Hay una única regla de belleza que debes seguir, un único juez, imparcial (a no ser que juzgue según criterios que no sean los suyos): ¡TÚ! ¡Tú frente al espejo! ¡Nada más!

Si te ves guapo o guapa frente al espejo y eres sincero contigo mismo, ¡se multiplicarán tu carisma, tu aura y, por consiguiente, tu poder de seducción!

¡Es importante sentirse guapo o guapa, incluso primordial! ¡Pero no siguiendo cualquier criterio! Querer parecerse a la foto de portada de una revista, además de seguir unos códigos determinados (esqueletos andantes, ¡puaj!), es, antes que nada, no querer parecerse a uno mismo y, sobre todo, no aceptarse ni quererse. ¿Quién podrá amarte entonces, si formas parte de una mascarada de apariencias?

SOMOS GUAPOS POR LO QUE SOMOS Y POR LO QUE PODEMOS MEJORAR EN NOSOTROS, NO POR LO QUE MARCAN LOS CÁNONES QUE SE EXHIBEN. LA CLAVE ESTÁ EN EL ENCANTO.

UN DÍA EN LA VIDA DEL GATO

23.00: EN EL PAÍS DE LOS SUEÑOS

- El día ha sido largo y agotador, ya es hora de ir a contar ratones. No hay nada mejor que un grueso y mullido edredón para aliviar todos los dolores mentales o físicos... pero aparece el gato ¡para dormir contigo!

- Como hemos visto en «Secretos felinos», ten en cuenta que tal vez tenga sus motivos para ir a acurrucarse contra ti o dormir encima de tu vientre.

- ¿Has oído hablar de la ronroterapia? ¿O de los beneficios que te aporta el gato, que instintivamente se apoya en tus órganos cansados o enfermos? Periódicamente salen a la luz numerosos estudios sobre el poder curativo de los gatos. ¿Por qué no duermes con él y lo aprovechas? ¡Él lo está deseando!

- Y por la mañana te lo encontrarás dormido en la cama, sí, pero más lejos, pues solo quiere estar tranquilo y dormir cerca de ti, a tus pies.

- Por último, aunque tengamos mucho que aprender de los gatos, hay una cosa en la que somos idénticos: como dice un proverbio libanés, ya seamos hombre o mujer: «Los sueños de los gatos están llenos de ratones».

- ¡Buenas noches!

EL GATO ESTÁ CÓMODO EN CUALQUIER SITUACIÓN

El gato se contenta con ser,
es el verbo que mejor le va.
LOUIS NUCÉRA

Podemos decir que, a lo largo de nuestra vida, no nos faltan situaciones en las que nos sentimos incómodos. Incluso si con el tiempo ganamos autoconfianza y esto nos permite superar situaciones delicadas con mayor facilidad.

A menudo no sentirse cómodo es no sentirse a la altura, pero, ¿de quién? ¿De qué? Está claro que de los otros y de la imagen que mostramos de nosotros mismos.

¿Habéis visto alguna vez a un gato sentirse incómodo? ¡Nunca! Se trata de una sensación tan humana que no se nos ocurre atribuírsela a un gato.

No, un gato nunca se sentirá incómodo en el sentido en que nosotros lo entendemos porque, como ya hemos visto en distintos momentos de este libro, no tiene ninguna imagen que defender: ÉL ES ÉL. Por tanto, tiene una actitud transparente y ninguna mentirijilla sobre su personalidad o sus virtudes puede ponerle en tela de juicio, que es lo que provoca ese famoso malestar en ciertas situaciones.

Es sobre todo lo que nosotros mismos hemos construido artificialmente lo que puede dar lugar a ese sentimiento de incomodidad.

¿Nos arriesgamos entonces a que nos «descubran»? ¿A no estar a la altura de lo que hemos contado y reivindicado y que forma parte de esa imagen que los demás tienen de nosotros?

Nos sentimos incómodos cuando nos encontramos entre la espada y la pared, entre lo que hemos dicho y lo que hemos hecho o lo que somos. Y cuanto mayores son las mentiras, más aumenta la distancia entre lo verdadero y lo falso, y más se acrecienta el sentimiento de malestar. ¡Este sería el estado psicológico en el que se encuentran los grandes mitómanos que nos rodean cuando les acabamos pillando!

También nos sentimos incómodos cuando creemos no estar a la altura. Esto responde más bien a la confianza en uno mismo pero, como ya hemos visto, la seguridad y la autoconfianza pueden desarrollarse cuando no se dan de forma natural. Y el gato está ahí para guiarte y ayudarte durante todo ese aprendizaje.

Para sentirse cómodo en cualquier situación, hay que saber ser honesto con uno mismo, así como con los demás, no apegarse demasiado a la imagen que mostramos ante ellos, ¡pues, si seguimos las reglas del gato, la nuestra solo puede ser positiva!

¡NO ES FÁCIL SENTIRSE CÓMODO SIEMPRE! ¡VAYA LOGRO EL DEL GATO!

EL GATO MUESTRA EMPATÍA

Mi gato es la única persona
que me comprende en el mundo.
DIANE GONTIER

Los que tienen gato lo saben: nunca se negará a ser todo oídos. ¿Somos nosotros capaces de semejante altruismo? ¿De escuchar de esa manera? ¿De esa empatía hacia los demás, la que sentimos cuando él nos mira?

Admitamos nuestra inferioridad frente a él a ese respecto. Incluso con la mejor voluntad del mundo, a veces nos resulta difícil escuchar sinceramente los problemas de otra persona, tanto porque los nuestros nos absorben como porque nos cuesta ponernos en su lugar.

El gato tiene esa fortaleza, es comprensivo con nosotros, pues siente nuestro malestar incluso sin que le hablemos de ello y adopta una actitud protectora y tranquilizadora para con nosotros.

Más aún que el psicólogo con su escucha silenciosa, el gato parece comprender nuestros problemas y nos repite esta frase con la mirada: «También esto pasará...», mientras es capaz de colmar nuestro vacío afectivo.

La empatía, la escucha, es un ámbito en el que debemos aprenderlo todo de él, pues a menudo solo nos miramos el ombligo y no tendemos la mano ni ofrecemos el oído.

Cuando escuchamos damos tanto como recibimos, a veces sin ni siquiera darnos cuenta.

HAY QUE SABER ESCUCHAR PARA QUE TE ESCUCHEN, Y SABER DAR PARA PODER RECIBIR.

PARA REFLEXIONAR

EL GATO ABRIÓ LOS OJOS ,
EL SOL SE METIÓ EN ELLOS.
EL GATO CERRÓ LOS OJOS,
EL SOL AHÍ SE QUEDÓ.
POR ESO, DE NOCHE,
CUANDO EL GATO SE DESPIERTA,
VEO EN LA OSCURIDAD
DOS DESTELLOS DE SOL.

MAURICE CARÊME

EN CONCLUSIÓN: ¿FELINO O DIVINO?

¡Vivir como un gato!

La mayoría de las personas que viven con gatos envidian cómo son, su inclinación a la felicidad, y sueñan con aplicar en su vida diaria su comportamiento y su filosofía vital.

El poder adoptar su punto de vista y cultivar solo lo que, como hace él, puede aportarnos serenidad, bienestar, placer y diversión, así como saber desprenderse de todas las cargas de la vida sin hacerse muchas preguntas es, en definitiva, un sueño.

Un sueño al alcance de todos si nos tomamos el tiempo de aplicar alguno de los comportamientos del gato a nuestra propia autoestima, a nuestra relación con los demás, a nuestra capacidad de discernir lo importante de lo intrascendente.

El gato sabe de forma innata cómo disfrutar plenamente de la vida, algo de lo que nosotros tenemos mucho que aprender y que no podemos sacar de ningún libro de filosofía; es un saber que él nos ofrece simplemente con su forma de ser.

Inspirarse en él a diario, ya sea para gestionar nuestras relaciones, canalizar el estrés, saber pasar página o recuperar la autoconfianza... Temas que hemos abordado a través de las cuarenta facultades principales del gato.

Son todas estrategias para recuperar las riendas de una vida que a veces parece que se nos escapa.

Si no tienes gato, tal vez te haya sorprendido encontrar en esa bola de pelo tantas virtudes, fortalezas, sabiduría y habilidades para vivir el día a día. Quizás ahora tengas ganas de que uno de ellos te acompañe en la vida... Eso espero, porque nunca te arrepentirás del vínculo y la complicidad que se creará entre vosotros.

Y, a partir de ahora, haz como él: ¡construye tu vida como una búsqueda del bienestar y del placer!

En conclusión: ¿felino o divino?

«¡Ambos, por supuesto!», contesta el gato.

PARA REFLEXIONAR

**CUANDO MIRO A ESE GATO
TAN INTELIGENTE,
ME ENTRISTEZCO
AL PENSAR EN LOS LÍMITES
TAN ESTRICTOS DE NUESTROS
CONOCIMIENTOS.
¿QUIÉN SABE HASTA DÓNDE
LLEGA LA CAPACIDAD
INTELECTUAL DE ESTOS
ANIMALES?**

Ernst Theodor Amadeus Hoffmann

¡EL GATO SIEMPRE TIENE LA ÚLTIMA PALABRA!

Mi amo no es siempre muy listo que digamos, ¡de hecho, a veces es una carga! ¡Qué cansancio! Sin embargo, le quiero mucho, tras más de doce años de vida en común aún le queda mucho camino por recorrer, pero hace progresos.

Espero que esas estrategias vitales que ha compartido contigo sabrán ayudarte a llevar mejor tu día a día ¡y, sobre todo, a ser feliz!

Hay más secretos que me hubiera gustado transmitirle para que hiciera de intermediario contigo, pero aún hay veces que desvía la mirada y su oído no lo escucha todo.

Sin embargo, todo está ahí, delante de nosotros, delante de vosotros. La diferencia entre nosotros los gatos y vosotros los humanos es que nosotros lo vemos todo.

Desde el Antiguo Egipto, o incluso antes, hasta nuestros días, hemos acompañado al hombre para ayudarle en su vida, y hasta se nos ha venerado por nuestra sabiduría, que hoy está un poco olvidada.

Espero que este libro sepa ayudarte a que tu mirada se abra cada día un poco más.

Os deseo, queridos humanos, todo lo mejor y un plus en vuestra vida a nuestro lado.

ZIGGY

TEST

DESCUBRE CUÁL ES TU COCIENTE GATUNO (CG)

En cada pregunta, rodea (¡con sinceridad!) el nivel en el que crees estar. 1 es el más bajo y 5 el más alto.

❶. ¿Hasta qué punto te sientes, en general, libre en tu vida?
CG: 1 2 3 4 5

❷. ¿Piensas que eres una persona muy carismática?
CG: 1 2 3 4 5

❸. ¿Sueles estar más bien tranquilo? (¿O sueles estar con los nervios de punta?)
CG: 1 2 3 4 5

❹. ¿Sabes reafirmarte ante tus allegados, en tu vida social?
CG: 1 2 3 4 5

❺. ¿Te consideras una persona prudente que sabe ver las cosas con perspectiva?
CG: 1 2 3 4 5

❻. ¿Sabes pensar en ti y cuidarte?
CG: 1 2 3 4 5

❼. ¿Te aceptas tal y como eres, con tus virtudes y defectos? En general, ¿te quieres?
CG: 1 2 3 4 5

❽. ¿Crees que eres una persona más bien orgullosa y con una elevada autoestima?
CG: 1 2 3 4 5

❾. ¿Crees que sueles ser el centro de atención?
CG: 1 2 3 4 5

❿. ¿Hasta qué punto eres insensible a lo que piensen los demás?
CG: 1 2 3 4 5

⓫. ¿Eres una persona curiosa?
CG: 1 2 3 4 5

⓬. ¿Eres una persona independiente?
CG: 1 2 3 4 5

⓭. ¿Confías en ti mismo?
CG: 1 2 3 4 5

⓮. ¿Sabes delegar?
CG: 1 2 3 4 5

⓯. ¿Sabes dedicar tiempo a vivir y disfrutar de la vida?
CG: 1 2 3 4 5

⓰. ¿Te adaptas a los cambios fácilmente?
CG: 1 2 3 4 5

⓱. ¿Sueles buscar la tranquilidad?
CG: 1 2 3 4 5

⓲. ¿Dirías que, en general, has elegido a tu entorno? (¿O te lo han impuesto o se ha impuesto?)
CG: 1 2 3 4 5

⓳. ¿Sabes descansar? (¿O para ti es una pérdida de tiempo?)
CG: 1 2 3 4 5

⓴. ¿Sabes decir NO?
CG: 1 2 3 4 5

㉑. ¿Sueles evitar el conflicto?
CG: 1 2 3 4 5

㉒. ¿Estás muy ligado al lugar donde vives?
CG: 1 2 3 4 5

㉓. ¿Confías totalmente en quienes te rodean?
CG: 1 2 3 4 5

㉔. ¿Tienes espíritu de líder?
CG: 1 2 3 4 5

㉕. ¿Eres una persona tenaz? ¿Testaruda? ¿Obstinada?
CG: 1 2 3 4 5

㉖. ¿Sueles ser una persona prudente?
CG: 1 2 3 4 5

27. ¿En qué nivel crees que está tu necesidad continua de amor?

CG: 1 2 3 4 5

28. ¿Te consideras una persona equilibrada?

CG: 1 2 3 4 5

29. ¿Estás seguro de lo que quieres en la vida la mayor parte del tiempo?

CG: 1 2 3 4 5

30. ¿Sueles atreverte a pedir ayuda a los demás?

CG: 1 2 3 4 5

31. ¿Te consideras, en general, una persona honesta?

CG: 1 2 3 4 5

32. ¿Tiendes a observar y a callarte?

CG: 1 2 3 4 5

33. ¿Eres fiel a tus amistades, en tus relaciones?

CG: 1 2 3 4 5

34. ¿Te resulta totalmente indiferente tu imagen? ¿Y los bienes materiales?

CG: 1 2 3 4 5

35. ¿Te consideras una persona espontánea, natural?
CG: 1 2 3 4 5

36. ¿Actúas de forma humilde?
CG: 1 2 3 4 5

37. ¿Tiendes a divertirte con cualquier cosa?
CG: 1 2 3 4 5

38. Cuando te miras en el espejo, ¿te ves guapo o guapa?
CG: 1 2 3 4 5

39. ¿Te sientes cómodo en cualquier situación?
CG: 1 2 3 4 5

40. ¿Eres capaz de escuchar y ponerte en el lugar de los demás?
CG: 1 2 3 4 5

Cuenta tus respuestas:

Número de respuestas 1 y 2:

Número de respuestas 3:

Número de respuestas 4 y 5:

RESULTADOS DEL TEST DE COCIENTE GATUNO

¡Pensar y actuar como un gato es un tesoro para vivir felices! Pero a algunos les puede costar un poco de trabajo.

Fíjate en tus resultados en el test de Cociente Gatuno:

- Si tienes mayoría de respuestas 1 y 2: ¡Adopta un gato urgentemente! Síguele y obsérvale con atención porque tiene mucho que enseñarte de sus actitudes y su filosofía vital para ayudarte a vivir mejor.
- Si tienes mayoría de respuestas 3: Eres un gato cachorro, aún te queda trabajo por hacer, ¡pero vas por el buen camino!
- Si tienes mayoría de respuestas 4 y 5: ¡Felicidades! ¡Eres un gato!

Ahora repasa una a una todas las preguntas del test y piensa que tal vez debas prestar una especial atención a las que hayas respondido con menos de un 4; eso te permitirá corregir ciertas tendencias o carencias… ¡con la ayuda del gato!

Él posee de forma natural tantas virtudes, habilidades y facultades, tratadas a lo largo de este libro, que solo te queda integrarlas poco a poco en tu día a día para conseguir vivir con serenidad.

PARA REFLEXIONAR

PUESTO QUE SOLO TENEMOS UNA VIDA, ¿POR QUÉ NO PASARLA CON UN GATO?

Robert Stearns